ISBN 978-0-259-04333-1
PIBN 10705586

1 MONTH OF
FREE
READING

at
www.ForgottenBooks.com

By purchasing this book you are eligible for one month membership to ForgottenBooks.com, giving you unlimited access to our entire collection of over 1,000,000 titles via our web site and mobile apps.

To claim your free month visit:
www.forgottenbooks.com/free705586

English
Français
Deutsche
Italiano
Español
Português

www.forgottenbooks.com

Mythology Photography **Fiction**
Fishing Christianity **Art** Cooking
Essays Buddhism Freemasonry
Medicine **Biology** Music **Ancient
Egypt** Evolution Carpentry Physics
Dance Geology **Mathematics** Fitness
Shakespeare **Folklore** Yoga Marketing
Confidence Immortality Biographies
Poetry **Psychology** Witchcraft
Electronics Chemistry History **Law**
Accounting **Philosophy** Anthropology
Alchemy Drama Quantum Mechanics
Atheism Sexual Health **Ancient History**
Entrepreneurship Languages Sport
Paleontology Needlework Islam
Metaphysics Investment Archaeology
Parenting Statistics Criminology
Motivational

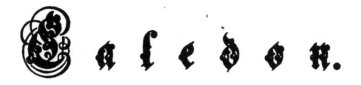

Caledon.

Sammlung

der

besten schottischen

Gedichte und Lieder

älterer und neuerer Zeit.

Zweiter Band.

Leipzig, 1841.

Verlag von Johann Ambr. Barth.

William Motherwell's

und

Robert Tannahill's

Gedichte

deutsch

von

Heinrich Julius Heintze.

Mit Notizen aus dem Leben beider Dichter
und erläuternden Bemerkungen.

Leipzig, 1841.

Verlag von Johann Ambr. Barth.

Scottish Societies
Item

Vorwort.

Die freundliche Aufnahme, welche meine Ueber=
tragung der Lieder und Balladen von Burns ge=
funden, hat mich ermuthigt, das weite Feld der schot=
tischen Lyrik weiter zu bebauen, und ich wage es, in
vorliegendem Werke zwei Dichter einzuführen, die,
zwar auf verschiedener Bildungsstufe stehend, doch
beide den Drang und den Beruf in sich fühlten,
dem Gotte in ihrer Brust äußere Gestaltung zu ge=
ben. W. Motherwell, ganz durchbrungen von
dem Geiste, der in den alten schottischen Gesän=
gen lebt und webt, ergießt wie Burns, dem er in
dieser Beziehung nicht nachsteht, sein innerstes Herz
in seine Dichtungen, und wird gewiß alle Freunde
wahrer Poesie für sich gewinnen. R. Tannahill,
klagend und schwermüthig in den meisten seiner Lei=
stungen, besitzt nicht die Kraft und Kühnheit der
beiden genannten Dichter, doch entschädigt er für die=
sen Mangel durch andere Eigenschaften, welche ihn

seinen Landsleuten theuer und werth gemacht haben, und welche hoffentlich auch im Auslande eine achtbare Stelle für ihn erringen werden.

Während ich Motherwell's Gedichte sämmtlich wiederzugeben versucht habe, bei deren Sammlung er selbst eine strenge Kritik gehandhabt, sind von Tannahill's Liedern und vermischten Gedichten nur etwa ein Drittel ausgewählt, und zwar hauptsächlich Lieder, da diese im Durchschnitt einen höhern Allgemeinwerth besitzen, als seine Briefe, Erzählungen, Oden u. s. w.

Die Mittheilung der biographischen Notizen schien mir um so nothwendiger, als beide Dichter in Deutschland bisher so gut wie unbekannt waren; und wenn die Nachrichten über Motherwell, die ich der Güte seines Landsmanns und Freundes Mr. Peacock verdanke, unzureichend erscheinen und dem Leser kein vollständiges Bild von seinem Leben geben, so werden sich dieselben später noch vervollständigen lassen, da der bekannte Dichter, Professor Wilson, eben damit beschäftigt ist, Motherwell's Leben zu schreiben, das einer neuen Ausgabe seiner Gedichte vorangestellt werden soll. Die Notizen über Tannahill sind auszugsweise der im Jahre 1838 von P. X. Ramsay veranstalteten, neuen Ausgabe seiner Gedichte entnommen, und mögen sie dazu beitragen, nicht allein für den Dichter, sondern auch für den Menschen das Mitgefühl theilnehmender Herzen rege zu machen!

Erläuternde Anmerkungen hab' ich möglichst sparsam gegeben, um ein Werk von so beschränkten Grenzen nicht mit Ballast zu beladen; deshalb sind sie nur dann eingestreut, wenn das Verständniß dieselben zu verlangen schien. •

In wie weit es mir nun gelungen, die Schwierigkeiten zu überwinden, welche sich dem Uebersetzer poetischer Ergüsse von vorherrschend natürlicher Einfachheit, namentlich im schottischen Dialekt entgegenstellen, in welchem Kunstlosigkeit und Erhabenheit auf's Engste verbunden sind — das mag die Kritik entscheiden; furchtlos aber seh' ich ihrem Urtheile entgegen, da ich mir bewußt bin, mit Liebe darnach gestrebt zu haben, die beiden Dichter in ihrer Eigenthümlichkeit wiederzugeben.

Was schließlich den Collectivtitel „Caledon" anlangt, so wurde derselbe nach dem Wunsche und in Uebereinstimmung mit dem Herrn Verleger deshalb gewählt, weil Motherwell's und Tannahill's Gedichte sich den in demselben Verlage erschienenen „Gedichten Robert Burns', deutsch von W. Gerhard", anschließen und als zweiter Theil eines Ganzen erscheinen sollten, welches zum Vorwurf hat, die besten Leistungen der schottischen Muse, Caledon, in deutschem Gewande zu geben. Denn bisher hat Schottland mit seiner ritterlichen Geschichte und seiner wildromantischen Natur, wiewohl so reich an poetischen Schätzen, doch so wenig Berücksichtigung gefunden, daß es endlich an der Zeit zu sein scheint, den goldhaltigen Schacht auszubeuten und so der von Goethe gehofften und prophezeiten Weltliteratur wieder einen Schritt näher zu kommen.

Leipzig, im Februar 1841.

H. J. Heintze.

Verzeichniß des Inhalts.

XII

Das Genie durchläuft selten die sonnige Rennbahn des Glückes, sondern hat sogar nur zu häufig mit Vernachlässigung und Verkennung zu kämpfen; wenn aber günstige Verhältnisse zusammentreffen, dann gleicht es dem Alpensteiger, der den Muth besitzt, am Rande eines gähnenden Abgrundes einen Strauß glänzender Blumen zu pflücken, ohne als Lohn seiner Kühnheit etwas Andres als Ehre erwarten zu dürfen. Beispiele dieser Art giebt uns die deutsche Literaturgeschichte nicht wenige; und wer die schottische kennt, wird nicht langen Suchens bedürfen, um eine große Anzahl von Individuen zu finden, die, mit der hohen Gabe der Dichtung ausgestattet, nur nach hartem Kampfe mit dem Schicksal den Lorbeer errangen. In diese Kategorie fällt auch unser Motherwell, dessen Leben, wie in der Regel das von Männern der Wissenschaft, zwar nicht von so hervorspringendem Charakter oder von so anziehender Mannichfaltigkeit ist, um den Stoff zu einer Erzählung zu bilden, deren Interesse sich über den Kreis seiner nähern Bekannten hinauszuerſtrecken vermöchte, aber ebenſo wenig ſich in ruhigem Geleiſe bewegte, indem es ein beſtändiger Streit gegen äußeres Drangſal war.

William Motherwell wurde am 13. Oktober 1797 zu Glasgow geboren. Seine Familie von väterlicher Seite ſtammte aus Stirlingſhire, wo dieſelbe mehre Generationen hindurch auf ihrer kleinen Beſitzung Muirmill lebte; ſeine Mutter, Janet Barnet, war aus Perthſhire gebürtig. Nachdem er ſich als Kind mehre Jahre zu Falkirk aufgehalten und ein oder zwei Jahre die Schule zu Edinburgh beſucht hatte, wurde er mit dem neunten Jahre der Obhut eines Onkels zu Paisley übergeben und erhielt daſelbſt eine ziemlich gute Erziehung auf der Gelehrtenſchule. Im Dezember 1812 widmete er ſich der juriſtiſchen Laufbahn und trat für die Friſt von fünf Jahren bei einem Advokaten ein, um nach engliſcher Sitte die Rechtswiſſenſchaft praktiſch zu erlernen; dann beſuchte er im Winterſemeſter 1818 auf 1819 das Kollege zu Glasgow, welches er Oſtern verließ, um zu Paisley die angeſehene Stelle eines grafſchaftlichen Gerichtsaktuar's zu übernehmen, die freilich bei großer Verantwortlichkeit nur ein unbedeutendes Einkommen bot. Dort wohnte zu jener Zeit der als Liederkomponiſt ausgezeichnete Muſiker Archibald Smith, der in Motherwell ein Genie entdeckte, welches zu den größten Erwartungen berechtigte; und wiewohl bereits zwanzig Jahr älter, trat er mit demſelben in ein höchſt freundſchaftliches Verhältniß, welches nur mit Smith's

Tode endete, da es auf gleicher Gesinnung und gleich
eifriger Vorliebe für die alten Dichtungen ihres Vaterlandes beruhte. Welch hohe Meinung Smith von
Motherwell hegte, zeigt unter Anderm folgendes Bruchstück eines seiner Briefe aus Edinburgh vom Jahre 1825:
„Glaube mir, mein theurer Freund, daß es Niemand in
der ganzen Welt giebt, für den ich größere Achtung fühlte,
Niemand, dessen Fähigkeiten ich höher schätzte, oder dessen
Correspondenz ich nur den hundertsten Theil so ungern
verlieren würde",... eine Anerkennung, die zugleich dem
Menschen und dem Dichter Ehre macht!

Im Jahre 1828 übernahm Motherwell die
Herausgabe des Paisley Advertiser's, worin er nun öf-
fentlich und eifrig der Politik der Tories das Wort redete, für welche er schon lange vorher seine besondere
Vorliebe gezeigt hatte. In demselben Jahre redigirte er
das Paisley Magazine, ein periodisches Blatt, sowohl von
lokalem als allgemeinem Interesse, das viele gute, ja
ausgezeichnete Leistungen verschiedener Art enthielt. Nachdem er im Jahre 1829 seinen öffentlichen Posten nieder-
gelegt, weil ihn die trocknen Arbeiten eines Rechtsgelehrten
völlig anwiderten, widmete er sich von nun an ausschließ-
lich seinen wissenschaftlichen Lieblingsbeschäftigungen und
der Leitung der genannten Zeitschriften. In dieser Stellung
entwickelte Motherwell so viel Talent, daß er zu Anfang
1830 zu einem ausgedehntern Wirkungskreise und auf einen
wichtigern Schauplatz berufen wurde. Er erhielt nehmlich
die Redaktion des Glasgow Courier's, einer Zeitschrift

von langem Bestand und großer Verbreitung, die der
ultratoristischen Politik huldigte, deren extreme Ansichten
er aus innerster Ueberzeugung verfocht. Nicht nur die
Mitglieder seiner eignen Partei, sondern auch Diejenigen,
welche seinen politischen Meinungen entgegen waren, ge-
stehen zu, daß er von dem Zeitpunkt an, wo er das höchst
verantwortliche Amt eines toristischen Redakteurs über-
nommen, bis zu dem Tage seines Todes, — während
einer Periode von fünf ereignißreichen und unruhigen
Jahren, in deren Laufe das Fieber der Parteipolitik mit
besonderer Heftigkeit in den Adern der Gesellschaft wü-
thete — die Ansichten seiner Partei mit ausgezeichneter

und wenn er bisweilen mit unbesonnener, unkluger Kühn-

liche Aufrichtigkeit und hervorleuchtende persönliche Gesinnung weit über den Verdacht erhoben, aus niedrigen
oder käuflichen Beweggründen geschrieben zu haben.

Motherwell war von kleiner Statur, doch kräftig und muskulös, und hatte einen kurzen, starken Hals
und großen Kopf — ein Körperbau, der nach medizini-
scher Ansicht zum Schlagfluß sich sehr hinneigt. In
Begleitung eines literarischen Freundes hatte er Sonn-
abend den 31. Oktober 1835 einige Meilen von Glasgow auf dem Lande einem Diner beigewohnt, in Folge
dessen er sich nach seiner Heimkehr unwohl fühlte und
deshalb bald zu Bett eilte. Einige Stunden nachher

aufgewacht, klagte er über Kopfschmerzen, deren Heftigkeit in kurzer Zeit sich dermaßen steigerte, daß er der Sprache beraubt wurde. Die schnell herbeigerufene ärztliche Hilfe war fruchtlos — der Schlag war bereits gefallen und der Vorhang über W. Motherwell's Leben herabgesunken! Als der frühzeitige plötzliche Tod des gefeierten Dichters und vortrefflichen Prosaisten bekannt wurde, schien ein allgemeines Gefühl des Bedauerns und des Mitleids die ganze Gesellschaft zu erfassen; und sein Leichenbegängniß begleiteten daher nicht nur eine große Anzahl von Bürgern und die ausgezeichnetsten Gelehrten und, Literaten der Stadt, sondern auch Personen aller politischen Farben und Nüancen. Er wurde in der Nekropolis von Glasgow, nicht weit von der Ruhestätte seines treuen Freundes Andrew Henderson, beerdigt; und der schottische Berichterstatter sagt, er werde sich noch lange der tiefen Trauer erinnern, mit welcher sich der unabsehbare Leichenzug mit den sterblichen Ueberresten Motherwell's den steilen Weg zu jenem romantisch gelegenen Friedhofe hinangewunden habe.

Die Stelle, an welcher Motherwell seine letzte Wohnung gefunden, eignet sich ganz vorzüglich zur Grabstätte eines Dichters. Dieselbe befindet sich auf einer kleinen ebenen Fläche, über welcher sich kühne Felsmassen, mit Bäumen und Sträuchern verschiedener Art bekränzt, hoch emporthürmen; nach unten senkt sich der reichbewaldete, zerklüftete, mit Monumenten, Säulen und andern Bauwerken bedeckte Boden in schöner Abwechslung

bis an die Ufer eines kleinen See's, der von einem Wehre
begrenzt ist, über welches sich zu allen Jahreszeiten seine
Gewässer schäumend und rauschend hinabstürzen. Es
steht zu hoffen, daß in dem geweihten Schatten, der nun
den Staub eines der ausgezeichnetsten Männer von Glasgow deckt, sich bald ein Denkmal erheben wird, das dem
Fremdling Kunde giebt „von dem Schläfer, der drunten ruht."

Im Jahre 1827, während seines Aufenthalts zu
Paisley, gab Motherwell seine „Minstrelsy, Ancient and Modern" heraus, ein Werk, welches ihm unter den Alterthumsforschern seines Vaterlandes eine hohe
Stelle erwarb, indem die höchst interessante und ausführ-
liche Einleitung nicht nur eine, auf Forschung begründete,
genaue Bekanntschaft mit der Geschichte der romantischen
Literatur Schottlands zeigt, sondern auch, abgesehen von
ihren Verdiensten als historisch-kritische Untersuchung, in
reiner, eleganter und kraftvoller Sprache geschrieben ist.
Als Herausgeber des Paisley-Magazine's bereicherte er
dasselbe mit einigen der lieblichsten Ergüsse seiner Muse,
welche die öffentliche Aufmerksamkeit erregten und ihm
die Gunst und Anerkennung des Publikums gewannen,
bis der im Jahre 1832 erschienene Band seiner Gedichte
(Glasgow bei D. Robertson) seinen Ruf als eines der
besten neuern Dichter Schottlands begründete. Um diese
Zeit gab er einen andern Beweis von der fruchtbaren
Vielseitigkeit seines Genies, indem er die Sammlung der
schottischen Sprüchwörter von A. Henderson mit einem
vortrefflichen Vorworte ausstattete, worin er eine tiefe

Bekanntschaft mit den alten Sprüchwörtern der Schotten
und einen feinen Takt in der Behandlung eines ziemlich
schwierigen Gegenstandes entfaltete. Der Styl ist zierlich
und kräftig und zeigt, daß Motherwell ein ebenso
großer Meister in der Prosa als in der poetischen Form
war. Im Jahre 1836 erschien eine neue Ausgabe von
R. Burns' Werken in 5 Bänden, die er in Verbindung
mit dem Ettrick=Schäfer besorgt hatte. Ein großer
Theil der Biographie und viele der kritischen und erläuternden Anmerkungen sind aus seiner Feder geflossen und
zeugen von seiner gewöhnlichen Gewandtheit und genauen
Kenntniß seines Gegenstandes. Motherwell war auch
ein fruchtbarer Mitarbeiter des literarischen Blattes „The
Day", welches eine Zeitlang eine glänzende Vereinigung
von Talenten des Westens darbot, und seine Memoiren
des Bailie Pirnie gehören ohnstreitig zu den amüsantesten
Meisterwerken dieses Journals. Nicht minder finden wir
in Smith's „Select melodies" Lieder von Motherwell, die theils alten Melodien angepaßt, theils von
neuen Weisen begleitet sind. Unter seinen hinterlassenen
Papieren befindet sich unter Anderm ein Werk, welches
die wilden Sagen der alten nordischen Völker enthält
— ein Zweig der Alterthumsforschung, mit welchem er
sich vorzugsweise gern beschäftigte; wir wissen nicht, ob
dasselbe bereits erschienen sein mag, indeß hoffen wir,
daß man dann wenigstens eine Auswahl der Manuscripte
dem Publikum vorlegen und somit dem Andenken des
Dichters Gerechtigkeit widerfahren lassen werde.

Von Motherwell als Dichter erlauben wir uns
zu bemerken, daß seine Muse nicht mit der Energie und
Kraft begabt zu sein scheint, sich lange Zeit im Schwunge
zu erhalten. Ihr Flug ist gleichmäßig und graziös, doch
selten von großer Höhe, und ihre Erscheinung weder von
langer Dauer, noch gebieterisch. Seine Klänge sind klar,
lieblich und zu Zeiten voll von erschütterndem Pathos;
und wenn er die Schwingen seiner Phantasie in die pa-
thetischen und begeisternden Erinnerungen der Vergangenheit taucht, oder seine Muse mit dem Gewande und dem
Ausdrucke der alten Zeit schmückt, wie in dem „Feier-
gesang eines rechtschaffenen Herzens," oder in den wild-
lieblichen Gedichten „Vergänglichkeit," „Trauergesang,"
„Ade" u. s. f., dann erklingen die Kadenzen seiner Hirten-
flöte sanft, leise und klagend wie der Herbstwind in den
sterbenden Blättern des Waldes. „Hannchen Morrison,"
„der Bach" und „zum letzten Mal" gehören ohne Zweifel
zu den pathetischsten Ergüssen der schottischen Muse; sie
sind voll von einer sanften wollüstigen Zärtlichkeit und
erscheinen in ein reiches Gewand von glühend poetischer
Färbung gekleidet, die wie ein durchsichtiger Schleier über
einer weinenden Schönheit ruht. In einer andern Gat-
tung dichterischer Schöpfungen ist Motherwell selten
übertroffen worden, nehmlich in dem sentimentalen, gra-
ziösen Liede, wohin „Amors Nahrung," „Liebeswunsch"
und ähnliche gehören. An luftiger Leichtigkeit, anmuthiger
Biegsamkeit der Sprache, und gedrängter, aber nicht
schroffer Kürze des Ausdrucks, verbunden mit einer ge-

wissen Heiterkeit und weiblichen Eleganz des Gedankens, scheinen sie uns in ihrer Art vollendet zu sein.

Motherwell's in dem Vorworte erwähnter Lands= mann urtheilt so kurz und treffend über denselben, daß wir uns nicht versagen können, seine Worte, denen wir völlig beistimmen, schließlich anzuführen. „W. Mother= well ist ein Dichter. Alle seine Anschauungen sind klar, weil seine ganze Natur eine gesunde; seine Gefühle edel und stark und sein Verstand scharf. Der natürliche Zug seines Herzens führte ihn zu den geheiligten Wohnplätzen der Begeisterung, den Wäldern und Thälern seines Va=

müthige und klagende Stimme mit seinen Tagesphanta=

> Der alte Geist ist nicht erstorben,
> Noch grünt die Zeit der Alten dort.

Sein Styl ist einfach, aber bei der zartesten Behandlung kraftvoll, und mit wenigen kühnen Schlägen erzwingt er sich den Eingang zum Herzen der Hörer." Wenn daher Motherwell in dem Vorworte zu seinen gesammelten Gedichten sagt, es sei ein vergeblicher Wunsch, auf die= selben mit nur einiger Bescheidenheit den Titel eines alten Liederbuches anwenden und sie „einen Strauß bunter Blumen" nennen zu dürfen, „der sich zwar von andern in Färbung und Duft unterscheide, aber bei alledem wohl= riechend sei," so mögen wir wohl seine Bescheidenheit bewundern, aber beipflichten können wir seiner Selbstkritik nicht; und wir hoffen aufrichtig, daß die Schönheit und Originalität der Motherwell'schen Dichtungen den geneigten Leser ein gleiches Urtheil fällen lassen werde.

In gemischter Gesellschaft war Motherwell ziemlich zurückhaltend; aber unter seinen vertrauten Freunden und Bekannten, deren nur wenige waren, schien er sich dafür um so mehr dem innern Genusse hinzugeben. Unter seinen Freunden zu Glasgow standen die Schriftsteller Carrick und Henderson oben an; und wie sehr immer die völlig verschiedenen Charaktere dieser drei Männer auseinandergingen, so bildete doch eine gewisse Gleichheit in Geschmack und Gefühl ein Vereinigungsband zwischen ihnen, welches nur der Tod zerreißen konnte. Ihre sich gleichsam neutralisirenden Eigenschaften verschmolzen so natürlich mit einander, daß eine Art von harmonischer Uebereinstimmung zu Stande kam. Indeß besaß Motherwell eine Tiefe des Charakters, die ihn an die Spitze der treuen Genossenschaft stellte; und wiewohl er die am wenigsten bewegende Kraft derselben zu sein scheinen konnte, so galten doch gewöhnlich sein Geschmack und seine Wünsche und Ansichten über die meisten Punkte als Gesetz für die Andern.

William Motherwell's

Gedichte, Balladen

und

Lieder.

1.

Sigurd's Schlachtpanier[1].

I.

„Der Adlerherzen Schaar im Nord,
Verließ den heimischen Strand;
Die Weltbekrieger zogen fort
Nach einem andern Land!
Das Meer durchfurcht ihr langer Kiel,
Der Wind die Segel schwellt;
Die Tapfern suchen kühn ein Ziel,
Zu Herrn der See bestellt.
Vom straffen Bogen fliegt so schnell
Nicht der beschwingte Schaft,
Als durch des Meeres schneeige Well'
Der Schiffe stolze Kraft.
Drum hebt den Krug zum bärtigen Mund
Und schlagt ans tönende Schild:
Heil jedem Schiff mit dunklem Grund,
Heil jedem Schlachtgefild!"
So erheben die Skalden die Stimme des Sieges,
Als der Normann breitbusige Wogen durcheilt.

1*

II.

„Das Schlachtpanier Sigurdir's weht
Hoch nach dem grünen Land;
Denn blutige Schmach im Kampfe steht
Bevor dem herrlichen Strand.

Das Wasser in der Tiefe braust,
Der Vogel in der Luft
Hört's, wie die Rache strandwärts saust,
Wo muthiger Männer Gruft.

Die Wogen zürnen unserm Kiel,
Die Wolken dräu'n wie Nacht:
Sie kennen unsers Banners Ziel
Und seine Siegesmacht.

Wer richtet Sigurd's Banner auf,
Wenn frühes Grab auch droht?
Wer trägt die Fahn' in kühnem Lauf
Durchs Meer als Todesbot'?"

So die Skalden, als nahe die langen Galeeren
Dem niedrigen Strand' eines lieblichen Land's.

III.

Das Opfer stand am Mast voll Muth,
Doch schweigend, und sein Bild
Es spiegelt' ab sich in der Fluth
Und schrecklich war's und wild.

Gelehnt auf seine blanke Axt,
Sah er ins Meer hinab,
Und furchtlos dachte seine Seel'
An frühes Heldengrab.

Darauf erhob sein Reckenleib
Sich in dem braunen Boot;
Er warf zurück von breiter Stirn
Die Locken goldigroth;
Die Sangeslippen gingen auf,
Das Feuerwort erglüht',
Und donnernd durch der Krieger Hauf
Scholl Harald's Schlachtenlied; —
Ja, Harald der Kühne erhebt seine Stimme,
Und fortrollt der Normann mit tödtlichem Banner.

IV.

„Ich trage Sigurd's Schlachtpanier
Durch Nacht und Sonnenschein,
Und pflanz' an jenem blutigen Strand
Die Schicksalsfahne sein!
Auf Scandia's einsamstem Gebirg,
Wo Licht kein Sternlein bot,
Erschienen mir die schattigen Drei,
Verkündend Harald's Tod; —
Sie sangen seiner Ahnen Sieg'
Und zeigten auf ihr Grab;
Sie sagten wahr, daß ihm das Loos
Dies Ruhmesbanner gab.
Wo war jung Harald seit der Zeit,
Als wo es ziemt Jarl's Sohn?
Im Krieg und auf dem Meer, wo Streit
Und Kampf am hellsten loh'n!"

So Harald der Kühne, der dürstet nach Ruhm,
Und nimmt in die Hand das todbringende Banner.

V.

„Ha, meinen Tod trägt diese Hand,
Ich weiß, was mir vertraut;
Mein Leib verwest an jenem Strand
Und wird dem Staub getraut:
Doch wird dies Banner schmachbefleckt
Am blut'gen Schlachtentag?
Verfehlt dies Herz, was es bezweckt,
Vergißt der Arm den Schlag?
Nein, eitle Zweifel, fort! Mein Blut
Es floß in Vätern wie,
Deren Faust die Zung' in Kampfesgluth
Der feigen Lüge zieh;
Und schneller schießt auf seine Beut'
Vom Burgfels nicht der Aar,
Als Harald stürzt in Schlacht und Streit,
Der Erste seiner Schaar!“
So ergießet jung Harald in schrecklicher Schöne
Seine herrliche Seele, zur Freude der Helden.

VI.

„Die Meereskrieger fern aus Nord,
Von Wodan's edlem Blut,
Geh'n wie zum Festmahl in die Schlacht,
Mit freudigem, kühnem Muth;

Und ich, des Stammes letzter Sproß,

Der Selbstgeweihte glüht,

Dies Banner zu erhöh'n, das groß

Mich macht in Sang und Lied,

Jung Harald auf dem Schlachtfeld sinkt,

Erschlagne um ihn her,

Eh' er zurück dies Banner bringt,

So lang' noch rollt das Meer; —

Auf Leichenhaufen soll erglüh'n

Dies Runenzeichen groß

Und ringsum sollen Blitze sprüh'n

Von Schwertern schonungslos!"

So rauschet der Sang des dem Tode Geweihten,

Und Skalden besingen den Ruhm seiner Ahnen.

VII.

„Entfalte dich, Panier, und wild

Erklinge Kriegsmusik,

Damit Erinnrung zart und mild

Mir nicht den Muth bestrickt

Brynhilda, sanfte, schöne Maid,

Die wachet kummerbleich

Am Meer, und deren Herz sein Leid

Beklagt im fernen Reich,

Du ringst umsonst die weißen Händ'

Am salzigen Meeresstrand;

Nie bringt die Woge, die uns trennt,

Mich in das Heimathland!

Brynhilda, such' ein andres Lieb,
Doch wähle keinen Mann,
Der, wenn das Loos zum Tod ihn trieb,
Sich dessen freu'n noch kann!"
So klagte jung Harald um Brynhild, und Thränen
Erfüllten sein Auge, doch fielen sie nicht.

VIII.

"Das Schlachtpanier Sigurdir's weht,
Die Geißel aus fernem Land;
Es peitscht den kochenden Meeresschaum,
Doch kehr' ich nicht vom Strand!
Zur Seit' der unheilvollen Braut,
Die blutiges Bett mir bringt,
Kämpf' ich für sie, die mir getraut,
Und Harald — Harald sinkt!
In heißer Schlacht, wo Kämpen viel
Zu schnellem Grabe geh'n,
Soll fliegen Harald's schwere Axt,
Soll Sigurd's Banner weh'n;
Ja, neben diesem Todesmaal,
Mit dieser Todesfahn',
Soll Harald's stolze Seele sich
Des Todes Kerker nah'n!"
So singt der Todsucher, weil näher und näher
Der Normannen Flotte zum Strande sich wälzt.

IX.

„Grün zieht der waldige Strand sich fort,
Zum Meer senkt sich der Hang;
Mit reichen Ernten prangt er dort
Für den, der frei und frank.

Das flammende Schwert ist unsre Sens',
Und unsre Scheu'r der Schild;
Der Bauer sä't, doch der ist Herr,
Der Sieger im Gefild.

Heran, du kothbedeckter Knecht,
Heran, du Bastardsohn!
Gespaltne Schädel sind eu'r Recht,
Und Rasen euer Lohn!

Sie bau'n für uns die schöne Erd',
Wir ernten durch die Macht,
Kein Recht beachtend, als das Schwert,
Das sieget in der Schlacht."

So gewannen einst Ruhm die Ländergewinner,
Und ihr Lob sagten Stein' in den Buchten der Fremde.

X.

„Die Flüsse jener Insel glüh'n
Im hellen Sonnenstrahl;
Doch tiefer sollen sie noch zieh'n
Und röther glüh'n zumal!

Und schwellen soll des Lebens Strom
Zum Rande jeden Fluß;

Wie schön der Leichnam ohne Kopf
Im Blut dann schwimmen muß!
Der Rauch von Schäferhütten quillt
Aus Berg und Thal und Hain,
Und hört den Sang von Mädchen mild,
Der Männer frohes Schrei'n!
Doch fället nur den Eichenbaum
Und säumt das Todtenkleid:
Landeyda über Meeresschaum
Wie ein Gewitter dräut!"
So rufet kühn Harald, so rufet der Normann,
Als strandwärts jagen die Schiffe wie Rosse.

XI.

„Das Schlachtpanier Sigurdie's weht
Dem blauen Himmel zu;
Der Todten Geisterheer ersteht
Und strömt ergrimmt herzu:
Die Heroldschemen rauschen vor
Harald's zerstörender Hand,
Und schweben um der Männer Chor
Im todgeweihten Land.
Ihr Jarls, die Schlachtengüeder reiht,
Entflammt die Feuerhöh'n!
Auf, werft die Anker in der Bucht,
Sie seh'n die Fahne weh'n!
Und durch die Brandung, durch die Schaft',
Die 's regnet um dies Schild,

Trägt Harald das Panier, deß Kraft
Bald siegt im Schlachtgefild!"
So ruft auf dem Strande des Kampfs der Geweihte;
Wie Amboß' erdröhnen die Helme der Helden.

XII.

Fortwälzt die Rabenbannerschaar
Den Krieg durch das Gebiet,
Und nie hat Rache halb so wahr
Den Sturm, die Fluth durchglüht.
Der vaterlose Harald spornt
Die wilden Kämpen an,
Und trägt in dem Gewittersturm
Die Todesfahn' voran.
„Auf, auf! die Würmer sind uns Schmach!"
Ruft er in kühner Lust;
„Die Lanzen splittern vor dem Schlag
An die gestählte Brust!"
Hurrah! ihr Wirbelwind er fegt,
Sein Loos — erfüllt ist's nun;
Nehmt das Panier, und Harald legt,
Wo große Todte ruh'n!
So fiel, wie vor Zeiten die Väter, jung Harald,
Und die Halle der Helden begrüßt' seinen Geist.

Die Werbung Jarl Egill Skallagrim's [2]).

———

„Schönes Mädchen von Orkney,
Du Meeresstern!
Ich flog übers Wasser
Zu dir aus der Fern',
Verließ Schlacht und Beute,
Den heimischen Strand,
Um dir Liebe zu singen
Und zu küssen die Hand.
Schöne Tochter des Einar,
Goldhaarige Maid!
Der Herr jenes Schiffes,
Der Kühnste im Streit,
Die Freude des Meeres
In Krieg und bei Wind,
Hat gelobt dich zu freien,
Sei hold ihm gesinnt!"
So freite Jarl Egill um Torf Einar's Tochter.

„In Jütland, in Island,
Auf Neustria's Strand,
Wo die bläulichen Wogen
Mein Schifflein durchwand,
Pries die Harfe dein Lob
Und Gesang deine Schön',
Und lang liebte mein Herz dich,
Eh' mein Aug' dich gesehn.
Ja, Tochter des Einar,
Recht stolz magst du sein:
Es ist ein Wikinger,
Der kömmt dich zu frei'n;
Es ist ein Wikinger,
Der 's Knie beugt vor dir,
Und schwöret bei Freya:
Seine Braut sucht er hier!"
So schwor, als sein Herz überströmte, Jarl Egill.

„Dein Arm ist umschlossen
Mit Bändern von Gold;
Dein Gürtel erglänzet
Von Perlen gar hold;
Das Stirnband, so festhält
Dein lang gelbes Haar,
Ist gestirnt mit Juwelen
Gar herrlich und klar;
Doch fürstlich're Gaben
Jarl Egill dir bringt:

Als Gürtel sein mächtiger
Arm dich umschlingt;
Des Seekönigs Schiff giebt
Er dir zum Palast;
Als Unterthan Wogen
Und Wind ohne Rast."
So beschenkte Jarl Egill die herrliche Braut.

„Nein, zaudre nicht zürnend,
Noch schüttle das Haupt;
'S ist ein Wikinger, der sich
Zu werben erlaubt!
Er weiß nicht mit Zagen
Und Zittern zu frei'n,
Mag's immer bei Landreh'n
Sitte so sein:
Die Wiege, die lang
Und gesund ihn gewiegt,
Hat kräftig die Hand
Und das Herz ihm gefügt.
So kommt er, wie's Jarl ziemt,
Das Schwert an der Seit',
Voll Stolzes und Ruhmes,
Und wirbt um dich, Maid!"
So freite Jarl Egill und warf sein lang Schwert.

„Laß Vater und Brüder
Und Sippe darein,

Die Tochter, ich schwor's, soll
Seekönigin sein!
Drum fort mit der Grille. —
Wohl zeigt es der Strand,
Daß nimmer sein Ziel fehlt
Dies Aug', diese Hand.
Ich machte noch keine
Drei Schritt' auf dem Land,
Da nagten ein Jarl
Und sechs Söhne den Sand.
Nein, Mädchen, beweine
Nicht der Kämpen Fall,
Die den Bräut'gam dir hielten
Zurück von der Hall'!"
So tadelt' und küßte Jarl Egill die Holde.

„Durch Schatten und Schrecken
Tief unter der Erd',
Trotz grausgen Gesichten,
Die's Herz mir empört,
Besucht' ich die Wolen
Am dunkelsten Ort,
Und zwang sie, die Zukunft
Zu sagen mir dort.
Ich ließ sie durchlesen
Die düstere Schrift
Und deuten, welch Schicksal
Mich Liebenden trifft.

Ja, Mädchen, sie lasen,

Welch herrliches Glück

Als fröhlichem Bräut'gam

Mir bestimmt das Geschick!"

So trotzte die Liebe Jarl Egill's den Schatten.

„Sie wuchsen und schwanden

Aufgehend und ab,

Und düsteres Feuer

Ihr Antlitz umgab;

Ihr regloses Steinaug'

Belugte mich lang,

Dann sangen sie finster:

„Das Schwert und der Sang

Gewinnen die Zarten,

Sind der Wilden Zucht,

Und ziehen aus feindlich

Gesinnten noch Frucht!"

So sangen die Schwestern,

Einar's holde Maid!

Dem Spruch zu gehorchen

Zeig' drum dich bereit!"

So liebte Jarl Egill die Tochter des Einar.

„Dies Kräuseln der Lippe,

Dieses Auges Gluth,

Dies Wogen des Busens

Voll Stolz und voll Muth —

Gleich schäumender Welle
Dein Busen sich hebt,
Wie das Feuer des Blitzes
Dein Adleraug' bebt:
Ha, frei, fest und kühnlich
Und stattlich und hehr,
Geht dein Fuß durch die Halle,
Wie 'n Schiff durch das Meer;
Dies gefällt mir, dies lieb' ich,
Du Mägdlein wie Erz!
So recht, denn dem Kühnen
Gefällt ein kühn Herz!"
So rufend umarmte Jarl Egill die Stolze.

"Hinweg und hinweg denn,
Ich hab' deine Hand!
Ha, der Freud'! unser Schifflein
Es nahet dem Strand;
Ich nenn' es den Raben,
Die Schwinge der Nacht,
Weil's den Inseln des Lichtes
Verderben gebracht.
Sind wir erst auf dem Deck,
Schwellt die Segel der Wind,
Dann sollst du erfahren
Wie's Reiche gewinnt!
Dann sollst du erfahren,
Großherzige Maid,

Wie die Klinge bei Kön'gen
Um Lösegeld freit!"
So besänftigt' Jarl Egill das zitternde Mädchen.

„Ja, sieh! dies Gefäß an,
Ein Klumpen von Gold,
Und, heil seine Klinge
Von Winter vergold't.
Das Gefäß, ist recht glänzend,
Doch edler das Blatt,
Das Balmr mit Zauber
Geschmiedet mir hat.
Ich nenn' es die Natter,
Denn Tod bringt sein Zahn,
Und dem Licht bricht's durch Harnisch
Und Bein helle Bahn.
Schöne Tochter des Einar,
Dünk' hoch dich geehrt,
Weil du Egill's Gefährtin,
Geliebt wie sein Schwert!"
So gewann sich Jarl Egill die Tochter Torf Einar's.

3.

Schwertlied Thorstein Randi's.[3]

———

'S ist der Flug nicht des Habichts
    Ueber Berg, über See;
Nicht der Schnelllauf des Hundes,
    Der folget dem Reh;
Nicht der Hufschlag des Rosses,
    Schwarz oder gestreift,
Wenn's keichend die Hitze
    Des Tages durchläuft,
Was die Herrschaft errungen,
    Die mir nun gehört:
Ha! das Schwert ist voll Blutes
In der Faust, die voll Muthes,
Was die Menge von Ländern
    Und Leuten erklärt.
Landgeber! dich küss' ich.

Wohl fragen mich thörigte
   Gräber der Erd'
Und Häusererbauer,
   Was Geburt mir gewährt;
Doch die Thoren verstummen,
   Wenn mein Schwert ich gezeigt,
Das Ost, West, Nord, Süd mir
   Zu Füßen gebeugt.
Stadt, Thurm, Wald und Wüste,
   Strom, Hügel und Thal
Erkennt meine Macht
In der tobenden Schlacht,
Wenn der Stern meines Schicksals
   Des Schwerts rother Strahl.
M a c h t g e b e r! dich küss' ich.

Ich hörte die Harfe
   In Halle und Grund;
Ich trank süße Töne
   Aus lieblichem Mund;
Auch jagt' ich im Wald und
   Hört' Vögelgesang:
Doch weg mit dem müßigen,
   Klingelnden Klang!
Meine liebste Musik ist
   Der Ruf in der Schlacht,
Wenn Aechzende sterben
Und Flieh'nde verderben,

Wenn der Arm schwingt die Sichel
  Und Gräber macht.
Lustgeber! dich küss' ich.

Dein Blitz ist den Inseln
  Des Meeres bekannt;
Deine Schrecken erglänzten
  Weit über manch Land.
Du Schwert meines Vaters,
  Du Lust seiner Hand,
Hast gekerbt seinen Namen
  In der Fremdlinge Strand,
Und den Ruhm des Gesangs ihm
  Gewonnen mit Blut.
Du spaltest die Helme,
Durchbohrest die Panzer,
Erschlägst kühne Helden
  Und geißelst den Muth.
Ruhmgeber! dich küss' ich.

Und treuere Lieb',
  Als im Herzen erglüht
Für ein Mädchen, das schöner
  Als Lenzröslein blüht,
Verknüpft dir mein Herz,
  Und es lebt nur für dich;
In Träumen der Freude
  Umgaukelst du mich

Mit Tänzen des Wahnsinns
    Im Schlachtengefild,
Wo die Rüstung erklingt
Und Heldenblut springt
Und Helme krachen,
    Hellebarden und Schild'!
T o d g e b e r! dich küss' ich.

Des Mädchenaug's Lächeln
    Es bringet wohl Lust,
Doch leicht ist die Treue
    In weiblicher Brust;
Vergänglich wie Wolken
    Und flüchtig wie Wind
Sind die Triebe des Weibes,
    Das Falschheit nur sinnt.
Doch dein Stahl ist so treu,
    Wie sein Glanz mir lacht:
Deine Lieb' trifft kein Schlummer
In Gefahr und in Kummer,
Und sie glänzt um so heller,
    Je dunkler die Nacht.
H e r z e r f r e u e r! dich küss' ich.

Meine Sippe verlor ich
    Durch Krieg und durch Meer,
Und verwaist, ohne Kinder,
    Ist das Grab mein Begehr.

Wenn das Ziel unsres Ruhmes
  Mein Tod uns gesteckt,
Dann schlummerst du mit mir,
  Von der Haide bedeckt,
Und ruhst an der Brust mir
  Und vermoderst mit ihr —
Während Harfen erklingen,
Und die Skalden uns singen
Von den Thaten der Tage,
  Wo so furchtlos wir.
Sanggeber! dich küss' ich.

4.
Hannchen Morrison.

Ich war im Ost, ich war im West
  Von mancher Wandrung müd,
Doch nie vergaß ich, wie die Lieb'
  Am Lebensmorgen glüht.
Walpurgis' Feuer 4) mag verkohlt
  Wohl sein zur Weihnachtzeit;
Das Herz, drin erste Lieb' erkühlt,
  Ein schwärzres Loos bedräut.

O liebstes Hannchen Morrison,
  Erinnrung alter Zeit
Deckt noch mit Schatten meinen Pfad,
  Und trübt mein Auge, Maid!
Sie trübt mein Aug' mit salziger Fluth
  Und bringt mir bittres Leid,
Weil sie mich so vergebens mahnt
  An alte, frohe Zeit.

Da hatten wir einander lieb,
  Da traf uns Abschiedsschmerz;
Süßbittre Zeit! zwei Kinder noch,
  Zwei Kinder und nur ein Herz!
Da war's, wo ich auf blumigem Strand
  An deiner Seite saß,
Und Lächeln, Blick' und Wort' empfing,
  Die nimmer ich vergaß.

Noch wundr' ich mich, lieb Hannchen, oft,
  Was wir wohl sonst gedacht,
Wenn Wang' an Wang' und Hand in Hand
  Wir saßen sonder Acht?
Wenn Beid' auf ein breit Blatt gebeugt,
  Das Buch auf unsern Knie'n,
Dein Mund beim Lesen war, und ich
  In dir zu lesen schien.

O weißt du, wie du's Köpfchen hingst,
  Wie schamerglüht wir Beid',
Wenn's lachend in der Schule hieß,
  Ich gäb' dir das Geleit?
Und denkst du an den Samstag noch,
  (Nur früh war Schule dann)
Wo blüh'nde Ginsterberge froh
  Wir kletterten hinan?

Mein Kopf geht wie im Kreis herum,
  Mein Herz tobt wie das Meer,
Wenn mir die Schul' und dich zurück
  Bringt der Gedanken Heer!
O Morgenleben! Morgenlieb'!
  Eu'r Tag, wie licht und lang,
Wo süße Hoffnung unser Herz
  Wie Blüthenschnee umschlang!

Und weißt du? oft verließen wir
  Wohl das Geräusch der Stadt,
Zu lauschen einem Murmelbach,
  Zu wandeln auf der Matt':
Das Sommerlaub deckt' unsern Kopf,
  Die Blumen unsern Fuß,
Und in der Waldesdämmerung
  Erklang der Drossel Gruß.

Die Drossel sang so süß im Wald,
  Den Bäumen sang der Bach,
Und unser gleichgestimmtes Herz
  Sang der Natur dann nach;
Und auf dem Hügel saßen wir
  Alsdann wohl stundenlang
In stiller Freud', bis eine Thrän'
  Vor Lust in's Aug' uns drang.

Ja, Hannchen, über deine Wang'
　　Manch heiße Zähre floß,
Wie Thau von Rosen perlt, wiewohl
　　Sich keine Lipp' erschloß.
O süße Zeit, o selige Zeit,
　　Wo die Empfindung träumt,
Und in dem Herzen, frisch und jung,
　　Ungesungen überschäumt!

Lieb Hannchen, wissen möcht' ich wohl,
　　Ob ich so eng mit dir
Verknüpft in der Erinnerung,
　　Wie du für immer mir?
Sag' mir, ob deinem Ohr Musik
　　Sie wie dem meinen beut;
O sag' mir, ob dein Herz erglüht
　　In Träumen alter Zeit?

Ich war im Ost, ich war im West,
　　Ein hartes Loos war mein;
Doch mocht ich wandern nah' und fern,
　　Nie, nie vergaß ich dein.
Der Quell, der meiner Brust entsprang,
　　Weilt, ruht und rastet nie,
Und tiefer gräbt sich, wie er rinnt,
　　Die Lieb' aus Lebens Früh'.

O theures Hannchen Morrison,
  Seit uns getrennt die Pflicht —
Nie hört' ich deiner Zunge Laut,
  Nie sah ich dein Gesicht;
Doch trüg' ich gern mein Mißgeschick
  Und schliefe selig ein,
Wüßt' ich, dein Herz gedächte noch
  Vergangner Zeit und mein!

5.

Zum letzten Mal!

———

Der Kopf zerspringt mir fast, Willie,
　　Bald bricht mein armes Herz —
Die Füße werden mir so matt,
　　Und ich erlieg' dem Schmerz!
Leg' deine Wang' an meine Wang',
　　Deine Hand an meine Brust,
Und sage, denken willst du mein,
　　Wenn längst ich sterben mußt'!

O tröst' mich nicht! Der Gram, Willie, —
　　Sein Wille muß gescheh'n;
Doch laß mich ruh'n an deiner Brust
　　Und seufzen, weinen, fleh'n;
Laß sitzen mich auf deinem Knie,
　　Laß mich dein Haar zerstreu'n,
Und laß in dein Gesicht mich seh'n, —
　　Zum letzten Mal soll's sein!

Ich sitz' auf deinem Knie, Willie,
   Zum letzten, letzten Mal,
Und daß ich Mutter und doch kein Weib,
   Erfüllt mein Herz mit Qual.
Ja, deine Hand drück' an mein Herz,
   Und preß' es mehr und mehr,
Sonst sprenget wohl das seidne Band
   Verzweiflung wild und schwer!

O, weh der bittern Stund', Willie,
   Die dich mir gab im Hain!
O, weh' der bösen Zeit, Willie,
   Des ersten Stelldichein!
O, weh der grünen, blumigen Au,
   Wo wir zu geh'n gewohnt —
Und weh dem Schicksal, das mit Lieb'
   Mir meine Lieb' gelohnt!

Doch merk' nicht auf mein Wort, Willie,
   Dich will ich ja nicht schmäh'n; —
'S ist aber hart, im Leben nur
   Verachtet sich zu seh'n!
Von deiner Wang' rinnt heiße Fluth
   Und netzet meine Hand;
Was aber weinest du, Willie,
   Um Sorge, Sünd' und Schand'?

Müd bin ich dieser Welt, Willie,
  Nichts deucht mir lieb und hold;
Ich kann nicht leben, wie ich gelebt,
  Nicht sein, wie ich's wohl sollt'.
Doch schließ' an deins mein Herz, Willie!
  Das ewig dir geweiht,
Und küss' nochmals die bleiche Wang',
  Die roth in frührer Zeit!

Es zuckt mir durch den Kopf, Willie,
  Es zuckt mir durch die Brust,
O, halt' mich, daß ich küssen kann
  Dein Auge, meine Lust!
Noch einmal, eh' das Herz mir bricht
  Und eh' ich scheiden muß!
Leb' wohl! durch jenen Kirchhof geh'
  Alsdann mit leisem Fuß!

Die Lerche in der Luft, Willie,
  Die schwebt ob unserm Haupt,
Wird fröhlich singen um mein Grab,
  Mit Weiden überlaubt;
Der grüne Rasen, unser Sitz,
  Von lichtem Thau erhellt,
Wird decken dieses Herz, das dich
  Geliebt vor aller Welt.

O, dann gedenke mein, Willie,
  Wo du magst immer sein;
Dann denk' an dieses treue Herz,
  Das dir gehört allein!
Und denk' der Erde, die mein Haar
  Dann drücket kalt und schwer
Und küßt die Wang' und küßt das Kinn,
  Die du küßt nimmermehr!

6.

Des Wahnsinnigen Liebe.

———

Ho, Fleisch und Blut! süß Fleisch und Blut,
  Wie's nur die Erd' betrat!
Willkomm am Wasser und im Wald,
  Des Wahnsinns trautem Pfad!
Der Baum ist mein, der kahle Baum,
  Der ragt am Wasserfall;
Der Strom ist mein, der krampfhaft sich
  Ergießt mit lautem Schall.
Ich bin ihr Herr; mein einz'ger Traum
Ist dieser Strom, ist dieser Baum.

Der Strom, der Baum — ein tödtlich Paar!
  Sie leben nie getrennt:
Der schlägt mein Herz, und durch mein Hirn
  Der andre donnernd rennt.
Ja, der verbrannte, kahle Baum,
  Der ragt am Fels hinan,
Dräut mit den dürren Armen mir,
  Und spottet meinem Wahn!
Die Sklaven sind nun frech dafür,
Daß guten Dienst gethan sie mir.

Viel hundert Jahr' zurück;

Der Baum, der Fels, so süß bekränzt
 Mit duft'gem Thymian,
Der Fluß, deß rauhes Lied zum Gruß
 Ans Ohr sich schwingt hinan,
Sie sind wie damals — sind das Band
Der jetz'gen mit der Zeit, die schwand.

Süß Fleisch und Blut! wie tödtlich kalt
 Die weißen Finger sind!
Dagegen scheint das Dunenbett
 Gefrorner Flüsse lind!
Drück' an die heiße Stirn sie nur,
 Die wie ein Erzguß glüht,
Dort thau'n sie auf; dann sag' ich dir,
 Welch alt Gesicht mir zieht
Vorbei am Aug' in Huldgestalt,
Das Lieb' entflammt, Lieb' und Gewalt.

Ho, trink' mir zu! — verachte nicht
 Den hellen Thau der Nacht;
Ich thu' Bescheid im Silberhorn,
 Das dort als Mond uns lacht.
'S ist volles Maß, doch bald vielleicht
 Dein Becher überfließt;

Weil draus manch Blümchen sprießt,

Nun, nimm das Horn, das Silberhorn
 In deine weiße Hand
Und trink' es aus: mein Wille füllt
 Mit frischem Thau zum Rand
Die Blumenkelch' im Morgenroth,
 Und dies muß Stoff dir sein,
Auf unser Wohl Bescheid zu thun —
 'S ist Himmels eigner Wein.
Drum gieß' als Schenkin voll den Krug,
Dann reich' ihn mir zum lust'gen Zug!

Halt, trink' nicht mehr! Die Bäume grün
 In jenem alten Hain,
Sie flüstern reine Melodie'n,
 Mich Einsamen zu freu'n.
So singt der Hain mir jede Nacht,
 So traurig und so leis:
Lieb Herzchen denkt, 's wär' gut für mich,
 Wenn Thränenfluth das Eis
In meinen Augen schmelzen wollt',
Wie sie aus deinen Augen rollt.

Ja, ja, die Bäume singen schön

Durch's blaue Himmelszelt,
Und ihren Augen mancher Stern
Aus Schmerz um mich entfällt;
Ich kann nicht weinen, doch sie weint
Lichtwelten, weil uns Lieb' vereint.

In ihrer Wolkenlaube dort
Beweint sie jede Nacht
Den Einsamen, der trauervoll
Den alten Baum bewacht.
Damit wir nicht so kalt, bedeckt
Sie mich mit Strahlen dann,
So daß ich lesen meine Träum'
Und recht erforschen kann,
Was toll, gescheidt, wild, gut und schlecht
Gemacht das menschliche Geschlecht.

Sie scheint durch mich so liebevoll,
Scheint draußen, wie darin,
Daß du selbst, dünkt mich, sehen mußt
In diesem Fleisch so dünn
Ein Herz, das wie ein Feuerball
Darinnen ewig glüht,

Und doch nicht stirbt, weil Himmels Harf'
   Es mild mit Trost durchzieht —
Die Harfe, die süßtrauernd klingt,
Wenn Wind und Wald und Wasser singt.

Still, still! so sang der grause Wald,
   So klagt' der Strom einmal,
Da standen Zwei auf diesem Fels
   Bei gleichem Mondenstrahl:
Erschrick nicht! Eins war Fleisch und Blut,
   Eine schmucke, schöne Maid,
Die mich umfing und seufzt' — o Gott!
   Mit holder Scham im Streit,
Und stammelt' ihre Lieb' und schwur:
„Zu Land und See, dein ewig nur!"

Bei Wald und Wasser, Sturm und Wind,
   Ja, bei dem hellen Schein
Des trauten Mondes schwur mir treu
   Die schöne Maid zu sein;
Und bei dem Fels, auf dem wir steh'n,
   Dem alten Altarstein,
Versprach mein Lieb: „Zu Land und See,
   Dein, dein, auf ewig dein!"
Die Erde kreißt', ich athmete kaum,
Wir liebten uns in Wachen und Traum.

Ein Kuß erglüht' auf meiner Stirn,
    Auf meiner Wang' eine Zähr';
Ich fühlte, daß mein Lebensglück
    Nun für mein Herz zu schwer.
Mein Lebensglück? nein, 's ist ein Schmerz,
    Wenn 's Herz die Buhle fand
Und liebt und wieder wird geliebt,
    Grad wenn des Schicksals Hand
Lebwohl gebietet, und voll Weh
Es wandern muß auf falscher See!

Ja, Land und See! — Den nächsten Tag
    Vertauscht' ich sorgenschwer,
Mit Schwert und blankem Helm geschmückt,
    Die Heimath mit dem Meer.
Doch als ein Bruchstück lebt' ich fort
    Des Felsens heiliggroß,
Wo der Geliebten trauernd Herz
    Geheime Schätze goß
In mein liebdürstend Ohr allein,
Hier auf dem hohen Altarstein.

Hörst du das kriegrische Getön
    Von jenem lichten Strand?
Der Trommel lauten Wirbelschlag,
    Der Muschel Klang am Land?
Den muthig gell'nden Hörnerschall,
    Der an die Schiffe schlägt?

Die Fähnlein, die der Ritter keck
  Auf seiner Lanze trägt?
Den hellen Ton aus ehr'nem Schild,
Der Rosse Wiehern feurigwild?

Süß Fleisch und Blut! noch end' ich nicht,
  Kaum fing mein Mährlein an:
Der Himmel zeugte unserm Schwur,
  Und nächsten Morgen sah'n
Wir Banner flattern durch die Luft
  Und Segel auf der See;
Der Ruhm führt' an die Ritterschaft,
  Und Liebe folgt' mit Weh,
Als jedes Schiff, von Tapfern schwer,
Den goldnen Schnabel taucht' ins Meer.

Und nun kam eine Freudenzeit,
  Die wilde Spiele bot,
Bis alle Wangen schlachtgebräunt,
  Die Stirnen wundenroth.
Indeß weilt' immer, Jahr auf Jahr,
  In Schlacht und Sonnenschein
Und in empörter Wogen Sturm,
  Mein Herz bei diesem Stein;
Ja, 's war mit dessen Sein verwebt,
Von dessen Nahrung nur belebt.

Mein Leben, Sinnen, Fühlen blieb
   An diesen Ort gebannt,
Und um den unvergeſſ'nen ſchlang
   Sich der Erinnrung Band.
Die Zeit entflog, doch ungetrübt
   Blieb meines Herzens Bild;
Wie erſt gemalt, erſchien die Farb'
   Der Treue, friſch und mild;
Ja, wo mein Lebensſchiff auch fuhr,
Dies treue Herz — hier ankert's nur.

Ha, lache nur, ſüß Fleiſch und Blut!
   Erſticke nicht die Freud',
'S iſt deine Zeit; doch eh' die Nacht
   Entfloh'n, kommt meine Zeit:
Wenn des Wahnſinn'gen Lachen wild
   Durch alle Lüfte gellt,
Dann tanzen wie betrunken all
   Die Stern' am Himmelszelt.
Ich weiß, warum: die Zwei — die Eine —
Der Mann, der ſchwatzt' im Sonnenſcheine!

Du drückſt die Hand mir und das Knie
   Mit Fingern, ſchmal und lang;
Gar leichte Feſſeln — nicht, wie mich
   Der Heiden Kett' umſchlang,
Als ich gefangen in der Schlacht
   Auf Kandia von der Brut,

Ein wundgeschlagner Rittersmann,
   Ein lebend Meer von Blut.
Die Heiden hieben mich am Saum
Des Meeres um, wie einen Baum.

Sie schlugen Fesseln mir ans Knie
   Und Fesseln an die Hand;
Sie ketteten mich an einen Baum,
   An Pfeiler und an Wand;
Sie warfen mich in ein Verließ,
   Wo schnöd Gewürme sprang,
Wo Natter, Kröt' und Ratte kroch
   Und um mein Leben rang,
Und all das giftige Geschlecht
Sich schlug und zischt' um seinen Knecht.

Und wie im Wahnsinn lebt' ich fort,
   Mein Herz blieb aber gleich;
Und in sein Inneres drang kein Gift,
   Denn 's war in fernem Reich: —
Es war bei diesem alten Baum,
   Dem Ort aus süßer Zeit,
Wo mir mein Mädchen liebend schwur:
   „Dein, dein in Ewigkeit!"
Mir macht' ihr Schwur den Schreckenstraum
Zum Schloß da eines Morgen Traum.

So floß dahin die böse Zeit,
  Wie lange, weiß ich nicht;
Doch Jahre lang entschwand im Land
  Der Sonne mir ihr Licht.
Da kam ich weinend aus dem Grab;
  Die Fesseln, die von Rost
Und Zeit zernagt, sie fielen ab,
  Der Baum war grau bemoost,
Und bebend kroch ich aus der Nacht
Empor zu Gottes lichter Pracht.

Es rauscht' ein Heer von Tönen hell
  An mein betäubtes Ohr,
Als ich verwildert, weinend stieg
  Aus meiner Höhl' empor: —
Der Vögel und der Bäche Lied,
  Des grünen Waldes Sang,
Das langersehnte Land, die See,
  Des Himmels Blau umschlang
In tollem Tanz mein Hirn; ich bebt',
Wie eine Kett' im Winde schwebt.

Man staunte, wie im Sonnenlicht
  Saß eine Schreckgestalt,
Die Sturmes Toben höhnend hört'
  Und die den Donner schalt.
Der Bärt'ge, welcher Töne sprach
  Von fremdem Klang und Land,

Erfüll' mit Ehrfurcht jene Brut,
 Die mit erhobner Hand
Den wilden Seher pries, und Brot
Und Kleid ihm ungebeten bot.

Ich sehe wie im Traum das Meer
 Und wie im Traum das Land,
Und daß ein gutes Ritterschwert
 Aufs Neu' schwang meine Hand;
Daß wieder sich auf dieser Stirn
 Ein buschiger Helm befand,
Und diese Brust den Harnisch trug,
 Als ich betrat den Strand
Der seligen Heimath wiederum,
Und am Gestade kniete stumm.

„Zeit furcht die Stirn und höhlt die Wang'
 Doch sollte sie der Lieb' nicht dräu'n;
Die Sprache, die ein treues Herz
 Zuerst gebraucht, sollt' ewig sein!"
Den Spruch sagt' eines Nachts bei sich
 Ein kriegesmüder Mann,
Als er beim hellen Mondenschein
 Den Felsen stieg hinan;
Und bei dem Licht erspäht' er kaum
Die Rind' an diesem alten Baum.

„Nichts anders hier, noch Alles so,
  Wie ich es sonst geseh'n;
Mit gleicher Stimme klagt der Wald,
  Wenn schrille Winde weh'n;
Noch mit sich murmelnd rollt der Strom
  Durchs Felsenbett dahin;
Noch lächelnd senkt die Blum' ihr Haupt
  In träumerischem Sinn;
Und ich steh' hier auf heimischer Flur —
Mein Herz noch gleich, wie die Natur."

Nun, Fleisch und Blut, das bei mir sitzt
  Auf kalter Bank von Stein,
So saß der junge Rittersmann
  Eine Sommernacht allein.
Ich sah ihn, und mir schien's, er glich
  Der bärtigen Gestalt,
Die in der Sonne saß und keck
  Die wilden Stürme schalt;
Ich sah ihn in der Rüstung schwer,
Zwei Andre hüpften vor ihm her.

Ja, in dem Schatten dieses Baums
  Saß regungslos wie Stein
Der Kriegesmüd', und sah ergrimmt
  Nach jenen muntern Zwei'n; —
Ha! Eins war seine holde Braut,
  Die Mondes Licht beschien,

So schön, wie in der vollsten Pracht
   Die Junirosen blüh'n.
Mich dünkt, es war die süße Maid,
Die einst dem Ritter Lieb' geweiht.

Doch nicht ihr früh'rer Buhle war's,
   Der wandelt' ihr zur Seit, —
O nein! wann lang der Bräut'gam weilt,
   Der Braut Verzweiflung dräut:
Wir weih'n dem Wind die alte Lieb',
   Der See den alten Schwur;
Ein edler Sinn liebt frei zu sein,
   So frei wie die Natur!
Und einen Andern liebt' die Braut —
Sein Bruder war's, der ihr getraut.

Ich hörte lachen dumpf und wild
   An diesem Baume hier;
Ich sah, wie langsam sich erhob
   Ein Schreckensbild gleich mir.
Doch nein! — es war der Rittersmann,
   Bleich wie die weiße Wand,
Von dem das wilde Lachen kam,
   Wie er im Mondschein stand:
Ein Ruf, der aus den Grüften dringt,
Voll schwärz'rer Rache nicht erklingt.

„Der Richter schläft nicht!" rief er aus,
　　Als er ins Helle trat
Und sich der furchtergriffnen Maid
　　Und ihrem Buhlen naht'.
„Der Richter schläft nicht!" — wunderbar —
　　Ein Schrei, ein Seufzerhauch,
Dann Alles still! — Auf diesem Fleck
　　Lag sie mit offnem Aug',
Und in der Nacht warf mit Gebraus
Der Fluß ein schönes Mädchen aus.

Sie trippelt' auf mich zu, wie du,
　　Bleich Mägdlein, und so kalt!
Sie trank Nachtthau mit mir, wie du,
　　Und drauf erzählt' ich bald
Ihr meine trauervolle Mähr'
　　Von doppelter Lebenspein,
Und wärmt' in meiner glüh'nden Hand
　　Die kalten Fingerlein; —
Das zarteste Fleisch auf Erden weit
Hieß ich willkomm zu meiner Freud'.

Dann preßt' ich ihre Hand wie Eis
　　In meine glüh'nde Hand
Und sprach von Blumen, Sonnenschein .
　　Und Duft in fernem Land;
Von jener dunklen Modergruft,
　　Dem Baum, dem Kettenband,

Und von der glatten Art, die frech
   Mein schaudernd Fleisch umwand;
Ja, von der bärt'gen Schreckgestalt,
Die in der Sonne saß und schalt.

Ich hieß willkommen sie, wie dich,
   Auf meinem Steinsitz hier,
Und dachte längstvergangner Zeit
   Die Nacht hindurch mit ihr.
Wir träumten noch einmal den Traum
   Von Jugendlieb' und Treu,
Und sammelten aus unserm Lenz
   Die Strahlen all aufs Neu'.
O süße Zeit, wo 's Herz noch fühlt,
Das Auge weint, bis Schlummer es kühlt!

Doch nicht so, wenn zum zweiten Mal
   Das müde Herze lebt;
Dann ist der böse Spruch: „Vergiß,
   Vergieb nicht!" drein gewebt.
In unsern Adern wüthet Brand,
   Zerreißt der Sehnen Kraft;
Geschmolznes Blei glüht uns im Hirn
   Und dient als Mark und Saft.
Ha, ha, was heißt denn Leben auch?
Das größte Feuer schließt mit Rauch!

Nun füll' den Becher, füll' den Krug!
   Trink', trink', süß Fleisch und Blut,
Aufs Wohl des grimmigen, bärt'gen Manns,
   Der einsam schweift und ruht!
Der Wald singt seine Melodie'n
   Und kreisend zieh'n die Stern';
Das Mondschiff streicht vorm Wind — und hör'
   Die Himmelswogen fern!
Trink', Fleisch und Blut! dann tanze hier
Um des Wahnsinn'gen Baum mit mir!

7.

Halbert der Grimme.

—————

Blut färbt diese Stirne,
　　Blut färbt diese Hand,
Blut färbt die Hellbarde,
　　Das Schwert und Gewand.

Voll Blut ist der Panzer,
　　Den Mordlust erfüllt,
Und bluthroth der Mantel
　　Des Mordes umhüllt.

Der Mensch heget Mitleid —
　　Ein seltener Gast
Bei Halbert dem Grimmen,
　　Denn ihm ist's verhaßt.

Der Rauhste fühlt Sanftmuth,
　　Der Wildeste Schmerz;
Doch nimmer bereuet
　　Grimm Halbert's wild Herz.

Denn Mord ist auf Erden
   Sein Losungswort;
Auf Plündrung und Raub stellt
   Sein Hoffen er dort.

Der Himmel ist dunkel,
   'S ist Mitternacht schon,
Und Halbert will beichten
   Im Kirchlein zum Hohn.

Nicht kniet er vorm Altar,
   Nicht kniet er vorm Bild:
Er fällt mit der Klinge
   Das Kreuz schnöd und wild!

Dann steckt er die Spitze
   Des Schwerts in den Sand,
Und erhebet zum Kreuzgriff
   Wie betend die Hand.

Er murmelt in Demuth
   Den Rosenkranz,
Dann erhebt er sich munter
   Zu blutigem Tanz.

Sein Roß sprenget heimwärts
   Durch Wetter und Grau'n,
Und mit Halbert dem Grimmen
   Ist's schrecklich zu schau'n.

Es stampft immer wilder,
　　Der Sporn treibt's zum Lauf;
Nun reitet grimm Halbert
　　Bergab und bergauf.

Sie sind schon vorüber
　　Am Bächlein im Wald;
Doch dumpfer und wilder
　　Der Sturm immer schallt.

Kein Stern dient als Leuchte,
　　Kein Mond gehet auf;
Durch Nacht rast des Freiherrn
　　Wahnsinniger Lauf.

Kein Stern scheint am Himmel,
　　Kein Mondenstrahl;
Da erglänzet von Feuer
　　Der Weg auf einmal.

Und sein Roß sprengt wie rasend
　　Und schäumet vor Wuth
In schwefltgem Ringe
　　Und feuriger Gluth.

Aus Augen und Nüstern
　　Die Flammen wild sprüh'n,
Und feurige Schäume
　　Den Lippen entglüh'n.

3*

Kohlschwarz sind die Zwei, wie
   Die Nacht, die ihm droh'n;
Zwei verfolgen gar grimmig
   Den wilden Baron.

In den Stößen des Sturmwinds
   Ertönt ihr Geheul,
Und sie folgen der Spur des
   Verdammten mit Eil'.

Ho! bergab nur! bergab nur!
   Steil senkt sich der Steg;
Nichts hindert das Roß und
   Kein Thor steht im Weg.

Kein Hufschlag ist hörbar,
   Als schwämm's durch den Fluß;
Kaum berührt es die Erde,
   Wie Verstorbener Fuß.

Und röther wird immer
   Sein Aug' noch erhellt,
Und wilder das schwarze
   Hundepaar bellt.

Gradunter! gradunter!
   Leib und Leben zerschellt,
Und Halbert der Grimme
   Der Hölle verfällt.

8.

Trauerlied treuer Liebe.

————

Die Lieb' ist leicht und sucht das Neu',
    Ha, Regen, Wind und Schnee!
Und andre Lieb' ist tief und treu
    Und trotzt der Zeit, o weh!

Mein Lied singt treuer Liebe Leid,
    Ha, Regen, Wind und Schnee!
Einen Rittersmann und seine Maid
    Ein schönes Paar, o weh!

Er liebt' sie — wärmer liebt kein Herz,
    Ha, Regen, Wind und Schnee!
Die Maid war stolz und kalt wie Erz,
    Ein eitles Ding, o weh!

Er liebte sie wohl lange Zeit,
    Ha, Regen, Wind und Schnee!
Sie gab für Lieb' ihm bittres Leid
    Mit kaltem Spott, o weh!

Es läßt für keinen Ritter sein,
  Ha, Regen, Wind und Schnee!
Der Liebe treulos drum zu sein,
  Weil er verschmäht, o weh!

Der Ritter nahm sein Schwert zur Hand,
  Ha, Regen, Wind und Schnee!
Und suchte Trost in fernem Land
  Für herben Schmerz, o weh!

Weit zog er fort zu Land und Meer,
  Ha, Regen, Wind und Schnee!
Der Treue Spiegel, hell und hehr,
  Jedoch umsonst, o weh!

Er schalt und schmähte nicht sein Lieb,
  Ha, Regen, Wind und Schnee!
Doch haucht' er ihren Namen trüb
  Vor jedem Schrein, o weh!

Er sprach und sang und scherzte nicht,
  Ha, Regen, Wind und Schnee!
Sein Herz in stiller Sehnsucht bricht,
  Das arme Hirn, o weh!

Nicht seufzt' und weint' er bitterlich,
  Ha, Regen, Wind und Schnee!
Doch konnt' er sterben ritterlich —
  Des Lebens müd, o weh!

Und auf dem Banner, das er trug,
  Ha, Regen, Wind und Schnee!
Stand wiederum der alte Spruch:
  „Treu immerdar!" o weh!

Dies Banner führt' die Christen an,
  Ha, Regen, Wind und Schnee!
Und schlug Seldschuck und Turkoman
  In heißem Kampf, o weh!

Die Schlacht war aus, der Tag vorbei,
  Ha, Regen, Wind und Schnee!
Da mißte man den Ritter treu;
  Welch grauser Schmerz, o weh!

Man fand ihn auf dem Schlachtgefild,
  Ha, Regen, Wind und Schnee!
Zerbrochen war sein Schwert und Schild
  Und seine Lanz', o weh!

Er lag bei der Erschlagnen Schaar,
  Ha, Regen, Wind und Schnee!
Sein bräutlich Bett, der Rasen, war
  Von Blut gefärbt, o weh!

Auf seine bleiche Stirn und Wang' —
  Ha, Regen, Wind und Schnee!
Schien Mondes Licht gar mild und bang
  Und trauervoll, o weh!

Man hob den treuen Ritter auf,
   Ha, Regen, Wind und Schnee!
Und trug voll Herzeleid ihn drauf
   Ins kalte Grab, o weh!

Sie begruben ihn auf fernem Strand,
   Ha, Regen, Wind und Schnee!
Und sein Gesicht sah nach dem Land
   Der theuren Buhl', o weh!

Da lag in Ruh das Herz so müd,
   Ha, Regen, Wind und Schnee!
Und träumt' von ihr, für die's geglüht,
   Wohl wiederum, o weh!

Sie sagten Nichts, doch manche Zähr' —
   Ha, Regen, Wind und Schnee!
Fiel auf des Ritters Bahre schwer
   Aus glüh'ndem Aug', o weh!

Und mancher Seufzer tief entsproß —
   Ha, Regen, Wind und Schnee!
Dem heißen Wunsch, gleich makellos
   Zu sterben einst, o weh!

Mit Feiermetten und Gebet —
   Ha, Regen, Wind und Schnee!
Ward ihm ein steinern Kreuz erhöht
   Aufs grüne Grab, o weh!

Drein gruben sie mit Dolchen dann,
   Ha, Regen, Wind und Schnee!
„Hier liegt ein treuer Rittersmann!
   Er ruh' in Frieden, Ade!"

9.

Das gespenstige Mädchen.

In meiner Kammer wiederum!
An meinem Bett aufs Neu'!
Du lächelst süß, wie Sonnenschein,
Die Hand ist kalt, wie Blei!
Ich kenne dich! ich kenne dich!
Erschrick nicht, Mägdlein schön!
Das goldene Gewand fuhr auf
Und ließ den Fuß mich seh'n;
Das goldene Gewand fuhr auf,
Der Taffet dünn und zart,
Und sichtbar alsobald das Maal
Von Tod und Sünde ward!

O glänzendschöner Teufel, geh'
Und lasse, lasse mich!
Es sammelt kalter Todesthau
Auf meiner Stirne sich!

Und binde deinen Gürtel fest,
   Zeig' deine Reize nicht,
Die reiner, weißer als der Schnee,
   Den der Wind zu Kränzen flicht.
Fort, fort mit deinem glüh'nden Kuß!
   Mein armes Herze siecht,
Wenn deine Lippe wie Gewürm
   Auf meinen Wangen kriecht.

Ha, drücke mich nicht länger mit
   Der liebeleeren Hand,
Die weißer, als die frische Milch,
   Der Schaum am Meeresstrand,
Und weicher, als das seidne Blatt
   Der Blum' und Blüthe scheint,
Doch frostiger, als Eis und Schnee,
   Nur Grau'n in sich vereint.
Matt, kalt und klebrig ist die Hand,
   Die mir zum Herzen dringt,
Wie Todes Finger, wenn vermorscht
   Der Lailach niedersinkt.

O, beug' dich auf mein Kissen nicht —
   Dein rabenschwarzes Haar
Umschattet mit Verzweiflung wild
   Dann meine Stirn fürwahr!

Die dichten Locken füllen mir
　　Das Hirn mit Fiebergluth,
Und in den Schläfen rast aufs Neu'
　　Des Wahnsinns Schreckenswuth.
Das Mondenlicht! das Mondenlicht!
　　Die tiefe Meeresbucht!
Zwei sind auf diesem Strand, und dort
　　Ein Schiff die Ferne sucht!

In ihrer Schönheit, ihrer Kraft,
　　In Schweigen und in Gluth,
Durchhaucht' der Liebe Duft das Land,
　　Wie süße Frühlingsbluth;
Die Wogen warfen weißen Schaum
　　Auf den bleichgelben Sand,
Und hell erglänzte Mondenschein
　　Auf eine kleine Hand;
Und Lauben, Blumen schmückten hier
　　Und dort des Baches Rand,
Wo die verlorne Seele mir
　　Ein glüh'nder Mund entwandt.

Nun decken Schatten Berg und Thal,
　　Wald, Fluß und Meeresbucht;
Ja, Dunkel deckt sie, und mein Aug'
　　Darnach vergebens sucht.

Die Sonne sank, die Vögelein
  Zieh'n ihrem Neste zu;
Manch glücklich Herz geht blumengleich
  Und ohne Schuld zur Ruh:
Doch ich Verlorner! doch was thut's!
  Ja, küsse Wang' und Kinn, —
Küss' nur — gewonnen hast du mich,
  Du schöne Sünderin!

10.

Zara.

„Des Mondes reines Silberlicht
Bedeckt das Waſſer, wie ein Schleier;
Gleich Zara's holdem Lächeln ſpricht
Zum Herzen mir ſein mildes Feuer."

„Ruh', Mondlicht! auf der Meeresfluth
Und lull' in Schlaf die Schaukelwelle;
Dann komm', wo Selim's Tochter ruht
An dieſer Bruſt in Berges Zelle."

„O, ſcheine, Mond! mit mildem Strahl,
Schein' immer ſo, bei Nacht und Morgen:
Denn malt die Sonne Berg und Thal,
Erwacht mein Lieb zu Gram und Sorgen."

So ſang der Spanier und zerſtreut'
In Zara's Bruſt das leiſe Bangen;
Nicht ſah der Mond den Mord, der dräut',
Und lächelt' ihrem Liebverlangen.

Ach, nur zu früh erschien der Strahl
Der Sonn' den Rittern, der Soldaba;
Zu früh erklang der Hörnerschall,
Der Trommelschlag in alt Grenada!

Noch deckte Thau der Blumen Pracht,
Noch hingen Nebel überm Thale,
Als Selim und der Zegris Macht
Stürzt' aus dem Thor mit einem Male.

Die Ebne deckten Waffen schön,
Ein Anblick, der das Aug' erlabte,
Als fort zu Alpuxara's Höh'n
Die Ritterschaft stolz Selim's trabte.

Dann klommen sie hinauf, wo dräut
Der schroffe Fels von Alpuxara;
Zu böser, unglücksel'ger Zeit
Fand Selim die verlorne Zara.

Sie schlafen, lächeln, träumen still
Von künft'gen Tagen ohne Kummer;
Ihr Mund spricht leis — ihr Geist, er will
Vereint noch sein in tiefem Schlummer.

Der Maur schwankt' einen Augenblick,
Im Aug' schien eine Zähr' zu beben;
Er hörte, Zara fleht' um Glück
Für ihres bösen Vaters Leben.

Die Faust, die den Krummsäbel hält,
Läßt los, dann faßt sie ihn noch enger;
Die Thräne, die dem Aug' entfällt,
Weilt auf der dunkeln Wang' nicht länger.

Vorbei! die Blutthat ist gethan,
Den Mord vollstreckten Vaterhände;
Doch in Grenada weinte man
Noch lang' um Zara's traurig Ende.

Und manches Maurenmädchen ruht'
Als Pilgerin zu Alpuxara
Und that Gelübde, wo die Wuth
Selims den Spanier traf und Zara.

11.

Haffan Uglu.
Türkisches Schlachtlied.

———

Haffan Uglu zieht aus!
Haffan Uglu zieht aus!
Und mit ihm ziehen
Die Tapfern zum Strauß.
Alla, il Allah!
Die Trommel erklingt,
In den Kriegessattel
Der Spahi sich schwingt: —
Der Sturmwind der Wüste
Durchs Land nun fährt,
Und Himmelsgluth strahlt
Manch damascisch Schwert.
Alla, il Allah!

Hassan Uglu zieht aus!
Hassan Uglu zieht aus!
Und im Winde flattern
Die Roßschweif' zum Strauß.
'S ist das Rauschen des Aars,
Der die Lüfte durchstreicht;
'S ist der Sprung eines Leu'n,
Der vom Lager gescheucht.
Ha! kühner und wilder
Und schneller zum Sieg
Fortdonnert der Moslem,
Der mächt'ge, zum Krieg.
Alla, il Allah!

Fort fliegen die Rosse,
Los' hänget der Zaum;
Der Stahl spornt die Seiten,
Und ihr Huf haftet kaum.
Wie die Sterne des Himmels
Jagen Delis herbei,
Den Kanonendonner
Uebertäubt ihr Geschrei —
Und bekleidet mit Schaum,
Wie die Brandung der See,
Stürzt der kühne Osmanli
Durch Mord, Tod und Weh.
Alla, il Allah!

Schnell vorwärts und vorwärts
Folgt Mann auf Mann,
Und Roßschweife fegen
Gar lustig voran; —
Wo der Turban, der grüne,
Und des Halbmonds Flamm',
Dort schlagt für Muhammed
Und Othman's Stamm!
   Alla, il Allah!
So das Schlachtgeschrei —
Und das Fleisch des Giaur
Lockt die Geier herbei.
   Alla, il Allah!

   Alla, il Allah!
Der Ungläub'gen Heer
Schaart dicht sich im Felde,
Wie Getreid' reif und schwer.
Die Schnitter, sie kommen,
Der Krummsäbel gleißt,
Und der Schlachtruf der Gläub'gen
Die Lüfte zerreißt.
Bismillah! Bismillah!
Das flammende Schwert
Hat die Ernte des Todes
Gestreckt auf die Erd'!
   Alla, il Allah!

Sieh' den Turban, den grünen,
Der braust durch die Schlacht,
Wie ein Schifflein im Sturm
Beim Donner der Nacht;
Zur Rechten und Linken
Weicht Alles zurück,
Wie die Wogen, — die Helme
Gespalten in Stück'!
Ha, Reiter und Fußvolk,
Wie furchtsam es bebt,
Wenn Uglu's wild Schwert sich
Zum Schlagen erhebt!
Alla, il Allah!

Wie zerstampft mit Lust
Uglu's wilder Berber
Manch feindliche Brust!
Da prasseln die Kugeln,
Wie Schloßen am Thurm;
Rings krachen die Lanzen,
Wie Schilfrohr im Sturm.
Und vorwärts, kühn vorwärts
Für Allah's Gebot
Stürzt der muthige Pascha
In Kampf sich und Tod.
Alla, il Allah!

Der Spur seiner Kraft —
Des Sturmwinds Pfad,
Folgt der Gläubigen Schaar
Zu blutiger That;
Auf den Sattel gelehnt,
Geht's muthig zur Schlacht,
Vor Azrael's Schwert
Sinkt die feindliche Macht.
    Alla, il Allah!
'S ist Uglu, der ruft —
Der Ungläub'ge stirbt,
Schallt sein Wort durch die Luft!
    Alla, il Allah!

12.

Der Elfenwald.

———

Graf William schwingt sich zu Roß voll Muth,
  (Hell glänzet das Mondlicht auf der See,)
Und spornt es an in fiebrischer Gluth;
  (Der Schlehdorn blühet so weiß, wie Schnee.)

Graf William sprengt, wie ein Böglein leicht,
  (Die Liebe reitet gar schnell, gar schnell,)
Bis den Elfenwald er hat erreicht —
  (Schön Mägdlein, blink' mir über den Quell.)

Der Elfenwald ist finster und graus,
  (Gar lustig klinget des Guckucks Schrei'n,)
Doch das Laub sieht weiß, wie Silber aus;
  (Lange Wege verkürzet des Lichtes Schein.)

Und ein Jungfräulein gar hold und schön —
  Manch Blümchen blüht, das Niemand sieht,)
Ist unter einer Eiche zu seh'n;
  (O Wonne, wenn Grün die Lauben umzieht!)

Und ringsum schlummert der Mondenschein,
   (Die Haube machet die Mädchen gut,)
Ihre Lippen gleichen blutrothem Wein;
   (Vor allen duftet die Rose voll Gluth.)

Es war ganz hell um die holde Gestalt,
   (Fern ist mein Lieb und über der See,)
Doch Düster umhüllet den Elfenwald;
   (Der Ritter, mein Lieb, verließ mich im Weh.)

O, milchweiß waren die Hände der Maid,
   (Mein Liebchen trug manch Ringelein,)
Und ihre Haut war weicher, als Seid',
   (Ihr Hals erglänzte, wie Lilien rein.)

Guten Tag, du lieblichste Maid in der Welt,
   (Ein edles Herz zeigt edle That,)
Die allein steht unter dem Blätterzelt;
   (Gar lieb der Ritter sein Streitroß hat.)

Wenn allen Menschen du wohnst so fern,
   (Mein Herz, es hänget an diesem Land,)
Dann würd' ich dein Gefährte gern;
   (Das Schifflein segelt heran zum Strand.)

Das Fräulein sagte kein Wort, kein Wort,
   (Wer wenig spricht, thut Wenigen Leid;)
Sie spielt' auf ihrer Harfe fort,
   (Und jede Freud' hat ihre Zeit.)

Geh' Ost oder West durch alle Welt,
    (Dir scheinet freundlich ein jeder Stern,)
Und zieh' die Straße, die dir gefällt;
    (Die Feyen reiten selbander gern.)

Graf William beugte sich tief zur Erd',
    (Der Liebe Samen ist Ritterlichkeit,)
Und hob sie auf sein muthiges Pferd;
    (Nun bist du die Meine, liebliche Maid!)

Sie schleudert' die Harf' auf den alten Baum,
    (Ein guter Harfner ist immer der Wind,)
Und Musik durchsäuselt den luftigen Raum,
    (Die Böglein singen im Blättergewind.)

Die Harfe spielte nun fort allein,
    (Lang ist meiner Liebsten goldiges Haar,)
Bis sie bezaubert Stock und Stein;
    (Und über die Furth geht's ohne Gefahr.)

Und als sie hinter ihm saß zu Roß,
    (Die Herzen sind selig, die Liebe vereint,)
Da flogen sie fort gleich einem Geschoß;
    (Ihr Kind kennt die Mutter und Freund den Freund.)

Das Fräulein sprach kein Wort, kein Wort,
    (Spröd sind die Mädchen an Mannes Seit',)
Doch das Roß, es wieherte fort und fort,
    (Stolze Herzen verdrießt eine Kleinigkeit.)

Sie legt' um seine Bruſt ihre Hand,
   (Die Mädchen lieben, wenn's ihnen gefällt,)
Doch war ſie kalt wie ein eiſernes Band,
   (Wie der rauhe Winter, der feſſelt die Welt.)

Deine Hand, ſchön Fräulein, iſt bitterkalt,
   (Je wärmer das Herz, deſto kälter die Hand,)
Ich zittre ſchier wie die Blätter im Wald;
   (Ein Nichts löſt bisweilen das Freundſchaftsband.)

Wirf über das Haupt den Schleier, ſüß Kind!
   (Mein Lieb' trug ein rothes Scharlachkleid,)
Das Gewand breit' über das Roß vorm Wind,
   (Alljede Freude hat ihre Zeit.)

Das Fräulein redete nicht darein,
   (Eine ſchlechte Frau, die nicht widerſpricht!)
Doch kälter noch wurden die Fingerlein;
   (Manch Lied iſt geſchrieben, doch ſingt man's nicht.)

Kein End' nimmt der Wald in dem Elfenland,
   (Es jage wer will, ich lob' mir das Licht!,
Ich wollt', einen Bogen ſpannt' meine Hand
   (Hier unter dem Baum ſo grün und dicht.)

Sie ritten bergauf, ſie ritten bergab,
   (Gar langſam ſchwindet die bleiche Nacht;)
Graf William's Herz ward kalt, wie im Grab,
   (Ha, mein Lieb, ſag' an, wann der Tag erwacht?)

Deine Hand erkältet die Brust mir zu Stein,
  (Kleine Händchen hat mein holdes Lieb;)
Mein Roß kann nicht mehr stehen allein,
  (Die Nachtluft ziehet so frostig und trüb.)

Graf William wandte sein Haupt herum,
  (Der Mond scheint hell in der blauen Fern';)
Zwei Elfenaugen machten ihn stumm,
  (Meiner Liebsten Augen sind funkelnde Stern'.)

Ein Augenpaar so brennend und groß —
  (Meines Liebchens Augen sind klar und schön,)
Aus nacktem Schädel Feuer ergoß;
  (Gar mancher Anblick ist schrecklich zu seh'n.)

Dann sagten zwei Reihen schneeweißer Zähn':
  (O, lang und traurig ist unser Weg,)
Kalt muß der stürmische Wind noch weh'n
  (Und der Thau muß fallen auf Wald und Geheg.)

Fort über die Moor' und Berg' und Höh'n,
  (Horch, wie die lustige Jagd erklingt,)
Durch Thäler und Schluchten und Flüss' und Seen,
  (Komm, Liebchen, und horch, wie die Amsel singt!)

Fort, fort durch Feuer und rauschende Fluth,
  (Ein wildes Gemüth rast gleich der See,)
Durch Schlacht und Kampf, durch Mord und Blut,
  (Einen Lailach webt mir das Schicksal, o weh'!)

Meine Zaubermähr' ist nun am Schluß,
   Und noch seufzt schaurig der Nachtwind dort;
Von Himmel und Hölle verstoßen, muß
   Noch wandern der Geist mit dem Geiste fort.

————

13.

Mitternacht und Mondschein.

————

Den Himmel und die Erd' erfüllt
In dieser Stund' die Liebe mild,
Und jeder Anblick, jeder Klang
Hat jetzt ein pochend Herz, das bang
Sich ihrem sel'gen Quell erschließt,
Darein sie frisch und fröhlich fließt
Gleich einem Lied, das steigt und fällt
Und unfre Seel' in Wonne schwellt.

Sieh', sieh'! das Land ist lichtumsäumt,
Und schau' den schlängelnden Fluß,
Wie dort sein rieselnd Waffer schäumt
Um jenes Berges Fuß!
Er glänzt durch Strauch und Blum' und Gras
Und zieht mit fröhlichem Sinn;
Gleich lebenden Wesen macht sein Naß
Mufik, wie's zieht dahin:

Er sucht das Meer, rein, unentweiht,
Wie unser Geist die Ewigkeit; —
Gott schütze seine helle Bahn,
Bis er schläft im tiefen Ozean!

Hoch in der Luft, wie 'n Seraph, schwebt
Die bleiche Luna, traut umwebt
Vom reinsten Blau der stillen Fern';
Neugierig guckt manch heller Stern
Durch Himmels Bogen, deren Gluth
Die reinste Liebe zeigt; sie thut
Nicht einen Schritt in ihrer Hall',
Wo nicht mit heitrem Antlitz all
  Die kleinen Götter kommen
Und lächeln, während dort sie kreist;
  Und jedes Herz, von Lieb' beklommen,
Singt Lob der Göttin, jedes preist
Und musicirt zu ihrem Frommen.

Ein Lächeln ist es, Welten werth,
So rein und hold, das sie beschert
Den kräft'gen Söhnen früh'rer Zeit,
Den hohen Bäumen weit und breit.
Die Blätter sind gar wundervoll
  Geschmückt mit Strahlensäumen;
Sie hängen reglos, Schlafes voll,
  So lieblich an den Bäumen,
Wie Kinder auf der Mutter Schoos
  In süßem Schlummer träumen.

Das Thal entlang, ertönt der Sang
   Des Baches durch die nächt'ge Still'!
Fast scheint der Ton ein Traum zu sein —
Er murmelt über Stock und Stein.
   Und singet seine Liebesfüll'; —
Und horche nun, wie lieblich schrill
   Sein Feenlied gen Himmel zieht
Zu Ihr, die scheint so klar und rein,
   Und deren Herz auch liebend glüht;
Sie neigt zur Erd' sich mit Ergötzen
Und lauscht dem zärtlich süßen Schwätzen.

   Es ist doch eine Zaubernacht,
Wo Liebe, Freud' und Licht nur lacht!
Kein zorniger Wind durchbraust die Heid',
Und grollet, bis sie stöhnt vor Leid;
Kein Hauch der Eule Sinnen stört,
   Die auf dem grauen Thurme wacht
Und ihre düstre Seele nährt
   Mit Träumen von vergangner Macht,
Und auf den Trümmern grüngeschmückt
Gespenstig mit dem Kopfe nickt.

   Und sieh'! wie ein gewalt'ger Held
   Nach wildem Kampfe, streckt im Thal
Die schlafumfangne Stadt, erhellt
   Von manchem lichten Strahl,
Sich weit zu meinen Füßen aus,
Und still und stumm sind Straß' und Haus,

Die Ruhe stört kein Reigen:
Erhöb' der Tod die Knochenhand
Und schlüg', was Leben hat im Land,
   Es herrscht' kein größres Schweigen.
Und schau, wohin mit frommem Schwung,
In heiliger Begeisterung
Der Thürme langer Finger zeigt,
Und wie er auf zum Himmel steigt!
Sie sind das wunderbare Spiel
Der unerklärlichen Gefühl',
Die sich gestalten hoch und weit
In Formen reinster Lieblichkeit.

O Gott! 's ist eine heil'ge Nacht,
   Worin dein Athem weht;
Ich fühl's in kleinster Blümchen Pracht,
   Die blüh'n in Flur und Beet —
Im Monde, der die Welt bescheint
Und mit der Erd' den Himmel eint;
Im Tropfen Thau's, der herrlich glänzt
Am Laub, das grün die Bäume kränzt,
Und in der hehren, großen Still',
In der die Schöpfung schlafen will.

Die Bäume werfen lange Schatten
   Ueber die Erde weit und breit,
Um mit den Blumen sich zu gatten
   In stiller, heil'ger Freud';

Sie drängen sich auf frischen Matten
   In vielgestalt'gem Tanz;
Und sieh'! des keuschen Mondes Strahl
   Hat für sie den hellsten Glanz.
Hui, wie sie gleich Phantomen gleiten
Und auf dem schnellsten Winde reiten
   Ueber Berg und Strom und Thal!
Nun geh'n mit leisem, sanftem Fuß
   Sie wie im Traum zumal,
Und die Blumen scheuen ihren Gruß
Und erröthen vor dem düstern Kuß.

Man sagt, daß in der Mitternacht
Die Geister wiedrum haben Macht,
Zu wandern in den irb'schen Räumen;
An Zaubereich' und Flussessäumen,
   Wo Feen spielen, um im Wald,
An altem Schloß und Grab zu träumen
   Mit bleichem Antlitz, trüb und kalt.
Sie fürcht' ich nicht; denn Geister nur
Von guter, freundlicher Natur
Erwählen solche Gäng'; es macht
Sie heitrer, wenn solch schöne Nacht
Sich wie Musik zu ihnen stiehlt,
Indeß sie Einsamkeit umspielt.

Willkomm, ihr guten Geister, dann!
Ihr liebt den erdgebundnen Mann,

Der gern in dieser nächt'gen Stund'
Mooseichen sucht im Feengrund;
Der altergraue Maale gern
Besucht, die niedrern Seelen fern;
Der sich in hehrer Einsamkeit
Mit jedem Pulsschlag dessen freut,
Was ihn auf weiter Erd' umgiebt; —
Ihr seid Genossen, die er liebt,
Wenn er in stillen Mondscheingründen
Von Hoffnungen träumt, die nimmer schwinden,
Und sich ergießt in Phantasie'n,
Entsprossen heil'gen Sympathie'n
Mit der Natur, in solcher Nacht
Voll Ruhe, Mondschein, Huld und Macht,
Wo schläft der Menschen wild Getümmel
Und die Seel' allein mit Gott und Himmel!

––––––––

14.
Das Waſſer.

Das Waſſer! das Waſſer!
   Lob' mir den muntern Bach;
Er ſingt durch die ſtille Nacht
   Sein Liedchen immernach.
Das Waſſer! das Waſſer!
   Das ewig heitre Kind,
Das immer ſpielt und tanzt und ſcherzt
   Und unaufhörlich rinnt,
Und gern von ſeiner eignen Luſt
Ein Wenig gießt in jede Bruſt.

Das Waſſer! das Waſſer!
   Lob' mir den ſüßen Fluß,
Der bei der Erl' vom grauen Stein
   Sich ſtürzt in vollſtem Guß.
Das Waſſer! das Waſſer!
   Wie oft, als ich noch jung,
Sah ich den ſteten Sprudelquell
   An mit Verwunderung,
Und frug, woher, wohin ſo flink,
Und wann ſein Schatz zu Ende' ging'?

Das Wasser! das Wasser!
  Der frische, muntre Knab',
Der sich zu meiner Freude wand
  Gleich meinem Schäferstab.
Das Wasser! das Wasser!
  Das Mittags sang so hold
Und süßer noch bei Nacht, damit
  Der Mond ihm lächeln soll'
Und all' die kleinen Feengesichter,
Des fernen Himmels helle Lichter.

Das Wasser! das Wasser!
  Der gute, liebe Geist,
Der täglich auf dem grünen Rand
  Die zarten Blümchen speist.
Das Wasser! das Wasser!
  Das meinem lauschenden Ohr
Manch Lied voll hell'ger Reinheit sang,
  Gleich einem Engelschor,
Und flüstert', wie zu Himmels Frieden
Ein sel'ger Pilgrim sei geschieden.

Das Wasser! das Wasser!
  Wo Thränen ich geweint
Als kleiner Bub' in Einsamkeit,
  Daß ich ohn' alle Freund'.

Das Waſſer! das Waſſer!
　　Wo ich ſo glücklich war,
Und Wieſenblumen pflückt' und ſtreut'
　　Auf ſeinen Spiegel klar,
Und eitel hofft', daß auch mein Leben
Die Lieb' mit Kränzen würd' umweben.

Das Waſſer! das Waſſer!
　　Nun bringt mein Herz dir Dank,
Wie kühl dein Sprudel ſich ergoß,
　　Der glüh'nden Lippe Trank.
Das Waſſer! das Waſſer!
　　In meinem Heimathland,
Die oft gehörte, theure Stimm',
　　Die mir auf immer ſchwand,
Wiewohl mein Ohr ſo gern möcht' lauſchen
Den Tönen, die ſo fern doch rauſchen!

Das Waſſer! das Waſſer!
　　Die Wellen mild und klar,
Auf deren Ginſterſtrand mein Wunſch
　　Ein Grab zu finden war.
Das Waſſer! das Waſſer!
　　Du meine ſüße Luſt,
Die in des Lebens Einſamkeit
　　Muſik in meine Bruſt,
Ergoß, und die troß aller Leiden
Mir Träume brachte früh'rer Freuden.

Das Waſſer! das Waſſer!

   Das ſchwermuthvolle Lied,

Das meinem Herzen ſang, wie bald

   Dies trübe Leben flieht.

Das Waſſer! das Waſſer!

   Das rollt' ſo hell und frei

Und mich bemerken hieß, wie ſchön

   Die Seelenreinheit ſei,

Und wie 's die Well' dem Himmel zeige,

Indem ſein Weg zum Grab ſich neige.

15.

Die drei Wünsche.

———

Wär' ich der Wind, der unsichtbar
  Wie's Heer der nächt'gen Geister,
Wo fänd' ich wohlgemuth fürwahr,
  Daß ich nicht mehr mein Meister?
    O, Gretchens Wang',
    Wo süß und bang
      Erröthet reinste Liebe,
    Das wär' die Stell',
    Wo rein und hell
      Mein Kerker sich erhübe.
Ich lebt' auf diesem Rosenbeet
  Und fächelt's ohne End;
Kein andres Paradies erfleht'
  Ich unterm Firmament.

Wär' ich ein Elfenritterlein,
  Und gar der Feenkönig,
Der wohl beim hellen Mondenschein
  Zu streifen liebt ein Wenig,

Wo ritt ich die Nacht
In aller Pracht
    Der Elfenritterschaft,
Wenn schwämm' entlang
Der süße Klang
    Der Feensängerschaft?
Ihr Nacken, weiß wie schneeige Firn',
    Ihr Liebe hauchender Mund,
Ihr zartes Kinn, die edle Stirn,
    Dies wär' mein Zaubergrund.

Wär' ich ein Böglein bunter Art
    Mit hellem, munterm Sange,
Wo säng' ich Liebeslieder zart,
    Wo setzt' ich gern mich lange?
    Vor Gretchens Ohr,
    Wie keins zuvor,
        Stimmt' ich mein Kehlchen rein,
    Säng' süße Weis'.
    Zu Gretchens Preis,
        Und nie vergäß' sie mein.
An ihren Busen sänk' ich dann,
    Und Nichts trennt' unser Band;
Und freudetrunken nennt' ich dann
    Ihr Herz mein Heimathland.

16.

An den Wind.

———

Sing' immerhin, du launischer Wind,
  Leis oder laut dein Lied;
Gleich dir ist immer doch gesinnt
  Mein eigenes Gemüth.
Geh', seufze trüb und pfeife wild
  In fesselloser Freud',
Du kecker Geist der Luft! es gilt,
  Ich reite dir zur Seit'!
All deine Launen sind mir lieb,
  Ich bin, wie du, keck, wild und trüb.

Geh', fächle mit der leichten Schwing'
  Des Silberbaches Schaum
Und deck' ihn, wie das heil'ge Ding,
  Der Geist in seinem Traum;
Gieb seiner Stimme süßern Klang
  Voll ruhiger Herzensfreud';
Die alten Bäume kummerbang
  Laß klagen in tieferm Leid —
Es gilt mir gleich; zu Lust und Schmerz
Ist ganz, wie du, gestimmt mein Herz.

Geh', reg' in tollstem Zürnen auf
  Die Wogen in dem Meer,
Und schwelg' in wildem Sturmeslauf
  Mit Teufeln ohne Zähr';
Vom Maste reiß' die Segel ab,
  Betäub' der Schiffer Schaar,
Und läut' der Nixen Lied zu Grab
  Von Schiffbruch, Tod und Fahr,
Was kümmert's mich denn, der gleich dir
Hart, rauh und ohne Mitleid schier?

Ich lieb' den Sturmruf auf dem Land,
  Den Sturmruf auf der See,
Dräu' mir der Tod auf jeder Hand,
  Er dünket mir kein Weh':
Mit eherner Wang', die nie gezeigt
  Der Thränen salzige Fluth,
Mit stolzem Herzen, ungebeugt
  Von des Geschickes Wuth,
Durchstreich' ich Land und See mit dir,
Dein donnernd Lied bringt Freude mir.

Liebst du die Klöster, grau und alt,
  Wo's Heer der Geister haust
Und überird'scher Sang erschallt,
  Vor dem den Sternen graust?

Der tiefsten Schwermuth Klage gieß'
   In ihre Seufzer schwer —
Auch mir sind solche Stellen süß,
   Mich freut solch wildes Heer;
Die Ort' und Gäste dort sind mir
So lieb und angenehm, wie dir.

Brauf' überall nur nach Begehr,
   Du wilder Geist der Luft,
Es thut nichts — Himmel, Erd' und Meer
   Stets als mein Echo ruft:
„Ich folge dir!" Sei, wo du willst,
   Dir folgt doch mein Gemüth,
Und jede Sait' in meiner Brust
   Erbebt zu deinem Lied;
Und wer so fühlt, der muß doch ein
Genoß für solchen Murrkopf sein!

17.

Was ist Ruhm?

————

Was ist Ruhm und was ist Ehre?
Ein Wort, das längst verscholl ins Leere;
Ein Hauch; Geschwätz in müß'ger Zeit;
Ein Schatten, der dem Nichts geweiht;
Ein Blümchen, das am Abend sprießt
  Und stirbt am Morgen;
Ein Strom, der seines Weges fließt
  Und singt von Sorgen;
Ein Tropfen, den die Wolke goß
Auf Lauben, dürr und blätterlos;
Ein Röslein an der Leiche Brust —
Dies ist der Ruhm und seine Lust!

Was ist Ruhm und was ist Ehre?
Ein Traum — des Narren Lügenmähre,
Die kitzeln mag der Thoren Kreis,
Und die nur glaubt ein kindischer Greis;

Ein Scherz auf einem Leichenstein;

Ein Spott des grinsenden Freund Hain;

Ein Truggebilde des Gesichts,

Das die Berührung scheut — ein Nichts;

Ein Regenbogen: kaum geseh'n,

   Flieht er für immer,

Entschwindet zu entferntern Höh'n

   Und naht uns nimmer:

Ein Unding, das Einbildung spann,

Womit nur sie sich täuschen kann;

Das Hexenfeu'r in tollem Sinn;

Der Reichthum, deß Verlust Gewinn;

Ein Wort des Lobs, vielleicht der Schmach;

Ein Wappen, das die Zeit zerbrach;

Ja, dies ist Ruhm — darum erwach'!

18.

Feiergesang eines rechtschaffenen Herzens.

Vom Glockenthurm herab erklingt
　Ein feierlich Geläut voll Weh';
Der Wahrheit hehre Kunde bringt
　Es Land und See,
Wie leicht das Herz auf Erden bricht
　Und heilt im Licht.

Was bebst du, arme Seel', zurück
　Zu flieh'n den welken Lebensbaum?
Zeit nagt am Kern, und das Geschick
　Fällt bald den Baum;
Und bricht sein letzter Zweig, dann schwebst
　Du auf und lebst.

Dein Fittig ist vom Irdischen frei
　Und seinen düstern Schatten fern;
Der Erde Lust= und Wehgeschrei
　Vermißt du gern,
Und nicht mehr kümmert dich ihr Leid
　Und ihre Freud'.

Du hängst am Leben, wunderbar!
　Als wär' sein Tand ein Himmelslicht;
Sein blut'ger Kampf und Streit, nicht wahr,
　Gefiel dir nicht?
Die Welt wird toller Tag für Tag,
　Es herrscht die Schmach!

In Sklavenkünsten zeig' dich groß
　Und wirf der Macht zu Füßen dich;
Verstoße die, so nackt und bloß —
　Die Welt ist für dich:
Kein Mensch sieht Brüder hier in Andern,
　Drum mußt du wandern.

Verrathe feig dein Menschenrecht,
　Sei Kriecher, schmeichle schnöder Schuld
Und lob' Despoten als ihr Knecht —
　Dies bringt dir Huld:
Willst du dies nicht, dann mußt dein Leben
　Dem Tod du geben.

Die Tugend schmäh' im Leinenkleid,
　Als wäre Greul und Schmach sie dir,
Und heiße gut die Schändlichkeit —
　Dann bleibe hier:
Kannst du dazu dich nicht versteh'n,
　Dann mußt du geh'n.

Bring' Kopf und Herz in gleichen Klang,
　　In treuen Freundschaftsbund, daß Lug
Beherrsche That, Wort und Gedank',
　　Dann hemm' den Flug:
Verschmähst du aber trüg'risch Spiel,
　　Bist du am Ziel.

Klagt 's Herz im Unglück, lache laut
　　Und prüfe teuflisch seinen Krampf,
Dann ernt'st du, wo du nicht gebaut,
　　Und ohne Kampf:
Doch weinest mit dem Weinenden du,
　　Ade der Ruh'!

Süß lächle, wenn der Bösewicht
　　Den stolzen Armen unterjocht;
Die Zunge reiß' dem aus, der spricht,
　　Weil's Herz ihm pocht
Für die Gerechtigkeit — die Welt
　　Ist dann dein Feld.

Dies kannst du nicht? dann, armes Ding,
　　Noch unentweiht von frecher Hand,
Dann flieg' empor auf schneller Schwing'
　　Ins Heimathland.
Fürcht' nicht des Lebensbaumes Krachen,
　　Gott wird schon wachen!

So ist's — dies hehre Glockengeläut
   Vom Thurm herab, das klagt voll Weh'
Und Lebewohl sagt weit und breit
   Auf Land und See,
Thut kund, wie's Herz auf Erden bricht
   Und heilt im Licht.

18.

Melancholie.

———

Ade! du eitle Lust und Pracht
Der stillen, monderhellten Nacht;
Ade! du süßes Dämmerlicht,
Das traulich mich im Wald umflicht;
Ade! du liebliche Musik,
    Die dieser kleine Quell vergießt,
Wenn er mit warmem Freundesblick
    Die liebekranke Lilie grüßt.

Ade! du würz'ger Blumenduft,
Der in dem Waldthal tränkt die Luft;
Ade! ihr muntern Melodie'n
Der Vöglein, die vor Freude glüh'n;
Ade! du heitres Sonnenlicht,
    Das Morgens, Mittags, Abends blinkt;
Und willkomm, düstre Nacht, wenn nicht
    Ein Stern am Himmelsbogen winkt.

Ade! betäubender Lärm der Stadt;
Ade! ihr Freuden krankhaftmatt,
Der Mode krampferzeugter Wust;
Ade! du tobendwilde Lust,
Du Schaugepräng, du prunkend Schloß
   Und Alles, was da prangt,
Wonach manch kleiner Gernegroß
   Der Erd' im Wahn verlangt.

Melancholie! du komm' mit mir;
Wie Klausner wollen leben wir
In einem öden, wilden Thal,
Wo nimmer lacht' ein Sonnenstrahl.
Du bleiche Schwermuth! komm' mit mir
   Zu einer einsam stillen Statt,
Die keine Blume schmücket schier,
   Die längst der Mensch vergessen hatt.

Komm' mit gedankenvollem Blick,
Der nimmer sieht des Wandrers Glück,
Und mit dem Haupt von Schmerz gebeugt,
Das wunderbare Bilder zeugt
Und düstere Gedanken trägt,
   Die sich ein Lächeln müh'n zu borgen,
Damit dein Sinn verhüllt, der hegt
   Gar herzzerreißend bittre Sorgen.

Komm' dort in das verruf'ne Thal,
Wo Fee und Kobold haust zumal,
Und wo der Geisterreigen zieht;
Dort horch' dem trauervollen Lied
Des nächt'gen Winds, der klagt so bang,
   Und wie die Wogen fallen ein
In den unheiligen Nachtgesang
   Der Eul' und der Seevögel Schrei'n.

Dort setze Dich mit mir zur Wacht,
Weil Alles schläft im Arm der Nacht;
Und wenn die Abendglock' entklang
Das Thal erschallt mit Trauerklang,
Dann laß' uns mit einander heiß
   Beweinen die Vergangenheit,
Und laß' uns singen eine Weis'
   Von all' den Freuden andrer Zeit.

Dann woll'n wir bei des Glühwurms Schein
In eine Höhle geh'n im Hain
Und denken in dem dumpfen Raum
An Lebens herzbetrübenden Traum,
Der Zeit unwiderstehliche Macht,
   Der Hoffnung trügerischen Mund,
Den Ruhm, der strahlt und sinkt in Nacht,
   Der Schönheit Glanz von einer Stund'.

Und wenn es beſſer dir gefällt,

Zu leſen die Geſchicht' der Welt

In einem träufenden Bogenbau,

Der trotzt den Zeiten, altergrau,

Deß enggerippte Pfeiler heut'

   Noch dort wie friſche Greiſe ſteh'n

Und durch die thatenſchwang're Seit'

   Ehrfurchterfüllte Schauer weh'n:

So laß uns dorthin geh'n einmal

Zu jenem reich geſchnitzten Maal,

Der Urne mit dem Epheuband —

Den Trümmern einer Zeit, die ſchwand.

Auf dieſem Grab, des Moders Raub,

   Das uns die edelſte Wahrheit beut,

Ließt Fleiſch und Geiſt ſein Loos — 's iſt Staub

   Und himmliſche Unſterblichkeit.

19.

Ich bin nicht traurig.

———

Ich bin nicht traurig, schien der Saum
    Der Stirn auch sorgumwebt;
Ich hatt' einst einen thörigten Traum —
    Gottlob! er ist entschwebt.
       Die Wahrheit brach die Nacht,
       Und ich erwacht'
Zu dem Gefühl, daß Jeder lebt
Nach Schicksals Schluß, und daß mein Loos
Ein Grab, versteckt und namenlos.

Mir bangt nicht, füllen Thränen auch
    Dies Auge, blau und leer:
Erinnrung kommt wie Windeshauch,
    Doch stirbt sie, wie die Zähr';
       Der Strom fließt, wann er will,
       Dann wird es still,
    Bald rinnt der Quell nicht mehr;
Und freudig grüß' ich nun mein Loos,
Ein Grab, versteckt und namenlos.

Ich rase nicht, scheint gleich es mir,
   Daß Männer, kaum umglänzt
Von höhrer Weih' als ich, voll Gier
   Die Welt mit Lorbern kränzt.
      Wie wahr erscheint der Spruch
      Dann oft genug:
   'S ist nicht stets Gold, was glänzt!
Nein, nein! mir gnügt an meinem Loos —
Ein Grab, versteckt und namenlos.

Sie haben Glück — mein ist der Schad',
   Und doch ist's gar kein Leid:
Die Mächtigsten in Schlacht und Rath,
   Wo liegen sie zur Zeit?
      Nur einen Einz'gen sag',
      Der fliehen mag
   Die Halle der Vergessenheit?
Gleich mir trifft Jeden nur ein Loos —
Ein Grab, versteckt und namenlos.

Die Tempel und Pyramiden, grau
   Und alt, die Maal' in Erz,
Der ungeheure Riesenbau,
   Drin modert Nimrod's Herz,
      Und Alles, was beschwert
      Die alte Erd',
   Blickt stumm nun himmelwärts
Und bringet Allen gleiches Loos —
Ein Grab, versteckt und namenlos.

Die Sage mit gelähmter Hand
    Und die Geschichte mag
Wohl rathen, daß in diesem Land
    Manch Großer lebt' einen Tag;
        'S ist weggeworf'ne Müh':
        Angrinset sie
Nach manch verfehltem Schlag
Ein Gegenstück zu meinem Loos —
Ein Grab, versteckt und namenlos.

Ich härm' und gräme drum mich nicht,
    Füllt mir den Becher noch!
Und seufz' ich, sagt mir, klingt es nicht
    Wie lustig Lachen doch?
        Zu sondern Korn und Spreu —
        Ich bleib' dabei —
    Hab' immer Zeit ich noch;
Und Hohn dem, der verlacht mein Loos —
Ein Grab, versteckt und namenlos.

Ich weine nicht, mag auch dahin
    Des Lebens Traum mir sein,
Und seine Bilder meinem Sinn
    Erscheinen kalt wie Stein:
        Ich lernte mit der Zeit
        Die Eitelkeit
    Der Sucht, berühmt zu sein,
Und grüße heiter nun mein Loos —
Ein Grab, versteckt und namenlos.

20.

Die Freuden der Wildniß.

———

Ach! Eins, nur Eines möcht' ich gern — in unbe=
kanntem Thal
Zu finden einen Ort, der fern der Menschen Luft und
Qual,
Wo ich, ein Klausner alter Zeit, von Weltbetrug, Gewalt
Und Weibertücke wär' befreit und Freundschaft kurz
und kalt;
Und wo ich mich mit wilder Freud' freu'n könnte der
Natur,
Wie sie sich im Gewitter beut und zauset Wald und
Flur.

Dann glitt' mein Leben ohne Streit und Sorg' und
Gram dahin,
Und aller Wahn der Welt blieb' weit von meinem fel'=
gen Sinn;

In bunter Reih' zög' ohne Schmerz der Welt Gepräng
wie'n Hauch,
Wie Schatten in dem blanken Erz, vorüber meinem Aug':
Die Schatten sind ein Nichts, und doch stolziret auf
und ab
Und prahlt der Schelmenhaufe noch, und sinket dann
ins Grab!

Wie lieblich sich die Wildniß zeigt! Im Fluß, der
rieselnd zieht,
Im Wind, der durch die Bäume streicht, erklingt des
Himmels Lied:
Das weite Blau mit gold'nem Aug' gießt eine Liebesfluth
Auf Halm und Blume, Baum und Strauch und auf
der Lüfte Brut.
Doch leb' mit Menschen, prüf' ihr Herz — und ihre
Selbstsucht giebt
Den Grund dir an, weshalb ein Mann wie ich die
Wildniß liebt!

21.

Die Vergänglichkeit.

———

Stolze Bäume sprießen,
Kräft'ge Winde grüßen,
Mächt'ge Ströme fließen
 Fort und immer fort.
Gleich stolze Formen blühten,
Gleich kräft'ge Geister sprühten,
Gleich mächt'ge Seelen glühten
 Fort und immer fort: —
Sie sind zu Grab gegangen
Und wecken Sorg' und Bangen,
Und Seufzer tief verlangen
 Nach den Todten dort.

Süße Sterne flimmern,
Bärt'ge Lichter glimmern,
Herrliche Sonnen schimmern
 Fort und immer fort.

Gleich süße Augen lachten,
Gleich helle Lichter wachten,
Gleich herrliche Geister dachten
  Fort und immer fort: —
Sie mußten aber scheiden,
Zu unsrem Schmerz uns meiden,
Und nur das Grab hat Freuden
  Von den Todten dort.

Wir seh'n den Adler schwingen,
Wir hören Meere singen,
Und funkelnde Quellen springen
  Fort und immer fort.
Gleich hohe Geister schwangen,
Gleich holde Stimmen sangen,
Gleich funkelnde Worte klangen
  Fort und immerfort: —
Die Fittige sind gefallen,
Und Dunkel ruht auf Allen,
Seit Todes Schritte wallen
  Ueber die Todten dort.

Alles, Alles scheidet,
Jeder sieht's und leidet,
Und die Sichel schneidet
  Fort und immer fort:

Doch mit den Trauervollen,
Die Theures meiden sollen,
Indeß die Erd' muß rollen
　　Fort und immer fort,
Wollt' gern ich träumend liegen,
Wo Blümlein hold sich wiegen
Und Halme grün sich schmiegen
　　Ans Grab der Todten dort!

22.

Der Verbannte.

———

Kein Vöglein singet
  In Wald und Hain;
Kein Auge strahlet
  Mich zu erfreu'n;
Die Wälder verstummen,
  Es welkt das Laub
Und fällt, wie die Freundschaft,
  Der Zeit zum Raub'.

Mir öffnet kein Thor sich,
  Mein harret kein Mahl,
Kein Kissen erleichtert
  Des Wandrers Qual;
Das Aug' mißt mit Mißtrau'n
  Den Weg, den er macht,
Und fröhlich der Mund
  Guten Tag ihm sagt.

Guten Tag! — Dank der Lippe,
   Die den Gruß ihm ruft,
So wenig ihr kostet
   Dies Bischen Luft:
Doch kleidet und nährt's mich,
   Giebt's Ruh meinem Schmerz?
Guten Tag! — o, wie zähmt dies
   Ein stolzes Herz!

Nun senket die Sonne
   Ins Meer ihre Gluth,
Und kein Stern hält mich werth
   Seiner leitenden Hut;
So schwarz, wie mein Schicksal,
   Wird nun meine Straß':
Die Natur, wie der Mensch, kann
   Wild werden im Haß.

O Heimath, du warst
   Eine Stiefmutter mir,
Doch mein Herz hängt noch zärtlich
   Im Elend an dir:
Noch weht's an der Ström' und
   Gebirg' grünem Saum,
Und dein Nam' ist der Geist,
   Der beherrscht meinen Traum.

Heiß liebte dies Herz dich
   Und blutete gern,
Führtst du deine Ritter
   Zum Ruhm in die Fern':
Und reich war der Lohn
   Deiner gütigen Hand —
Die Freiheit, zu brechen
   In der Fremdlinge Land!

23.

Kunde aus dem Feenlande.

———

O, hat dich denn die Königin Mab besucht?
Shakespear.

Ich soll dir gesteh'n,

Wo wohnen die Fee'n?

In der grünen Halb',

Wo der Mondstrahl kalt

Die Blätter versilbert, die Halm' umwebt;

Unterm Hügel im Wald

Ist ihr Aufenthalt,

Und dort ihr krystallner Palast sich erhebt.

Ich soll dir gesteh'n,

Was speisen die Fee'n?

Die würzige Luft,

Den Blumenduft,

Der weht durch die herrliche Wildniß fern:

Hyacinthen entsprießt,

Was die Fee genießt

Beim funkelnden Lichte der zitternden Stern'.

Ich soll dir gesteh'n,

Was trinken die Fee'n?

Den frischesten Thau,

Der im Morgengrau

Nur immer die Blüthen und Blätter getränkt;

Froh schenken wir ein

Diesen labenden Wein,

Wenn die Stille der Nacht auf die Erde sich senkt.

Ich soll dir gesteh'n

Die Freuden der Fee'n?

'S ist die Jagd, die erschallt

Im düsteren Wald;

Keck reiten mit Horn und mit Hund wir bei Nacht

Ueber Moor' und Höh'n,

Durch Thäler und See'n

Bis vom Klauge des Waidwerks der Morgen erwacht.

Ich soll Dir gesteh'n,

Wie gekleidet die Fee'n?

In die Fäden dünn,

Die im Sommer hin

Durch die Kühle des Abends so lustig weh'n;

Und der Rosenflaum beut

Weiches Wamms und Kleid,

Drin Ritter und Damen zum Feste geh'n.

Ich soll dir gesteh'n,

Wann zum Fest wir geh'n?

Schwebt der Mond voll Pracht

In der stillen Nacht

Ueber Land und See, wie ein lieblicher Traum,

Dann klingt durch die Luft

Flöt' und Trommel und ruft

Die Fee und ihr Liebchen zum Tanz um den Baum.

24.

An das Mädchen meines Herzens.

———

Der heitre Bach, der murmelnd dort
    Die stillen Au'n durchfließt
Und mit dem sonnenhellen Blick
    Die grünen Büsche grüßt,
Singt süß der schläfrigen Blumenschaar
    Ein leises Wiegenlied,
Und spricht zu mir von Lieb' und dir,
    Bis all mein Kummer flieht.

Die fröhliche Musik im Wald,
    Wenn jedes Blatt am Baum
Vom trauten Winde wird bewegt
    Und singet wie im Traum,
Und wenn in Windes muntres Lied
    Sich mischt der Vögel Sang,
Erweckt in mir von Lieb' und dir
    Gedanken süß und bang.

Die Ros' erschließt die rothe Wang',
   Wenn Morgens sie erwacht,
Und eine Falb' um das Gebirg
   Die hehre Sonne macht:
Behängt mit hellen Perlen strahlt
   Sie dann gar köstlich mir,
Weil jeder reine Tropfen Thau
   Ein Bild mir scheint von dir.

Und wenn die Bien' im Sommer keck
   Durchsummet Wies' und Rain
Und ihren zarten Rüssel streckt,
   (Ein fahrend Ritterlein,) —
Die Jägerin, die nach Süßigkeit
   Manch fernes Land durchzieht,
Sie singt von dir, sie singet mir
   Ein süßes Liebeslied.

Und wenn ich in der dunklen Nacht
   Durch Himmels stille See
In ihrer milden Schönheit zieh'n
   Die bleichen Sterne seh',
Dann fliegt mein Herz mit ihnen fort
   Zu sel'ger Geister Ruh',
Und sein Gefährt' in weite Fern'
   Bist immer, immer du.

Doch o! der helle Murmelbach,
    Der Blätter Klang im Wind,
Der Rose hold verschämter Blick,
    Der Biene Summen lind,
Der lichten Wandrer ferner Lauf
    In Himmels weiter See
Erregte mir, liebt' ich nicht dich.
    So wenig Lust als Weh'!

25.

Die Verstellung.

———

Die Stirne heiter, glatt und still,
    Die Wangen unbenetzt,
Wenn's arme Herz fast brechen will
    Vor Angst, wie meines jetzt;
Ein freudig Lächeln im Gesicht,
    Wenn Gram und Elend dräu'n;
Zu zählen mit dem niedern Wicht
    Und dennoch ruhig sein —
Dies wäre für die kranke Brust
Gar eine theu'r erkaufte Lust!

Wann lernt der Heuchler, Mensch, sein Herz
    Doch tragen unversteckt?
Wann liegt all seine Qual, sein Schmerz
    In Wahrheit aufgedeckt?
Warum dies schnöde Maskenspiel
    Mit Leiden ohne Zahl?
Wie, kommet Keiner denn ans Ziel?
    Zu zeigen seine Qual?
Ist Niemand, der es kühnlich sage,
Daß er die Höll' im Busen trage?

Ich hasse diese Maskerad',
  Die Tück' und Heuchelei,
Wo nie der Mensch dem Menschen naht
  Von falschem Scheine frei;
Wo Alles, Alles uns betrügt
  Und Niemand Wahrheit sagt;
Wo selber sich das Herz belügt,
  Das, hoffnungsvoll zernagt,
Zu brechen schwebet in Gefahr
Und doch zum Lügner wird sogar.

O, prüft das Herz voll Thörigkeit,
  Seht, welcher Wurm drin nagt!
'S wär' Zeit zu lernen, 's wäre Zeit,
  Daß ihr die Wahrheit sagt;
'S wär' Zeit, daß ihre Kinderhaut
  Die Welt abwürfe bald,
Und man das Herz im Lichte schaut'
  In eigenster Gestalt;
'S wär' Zeit, daß Alle sich bereit
Nun machten für die Ewigkeit!

26.

Schlachtgesang der Covenanter.

———

In die Schlacht! in die Schlacht!
  Zu Kampf und zu Streit!
Und weiht euer Leben
  Dem Bund, der entweiht!
Der große Gott Juda's
  Er braucht unsre Hand,
Zu zerbrechen die Götzen,
  Die belasten das Land.

Erhebt eure Stimmen
  Zu Gebet und Gesang,
Und glaubt, nicht dem Starken
  Wird der Siegesdank!
Seht die Ammoniter,
  Dort kommt ihre Schaar
Mit Cimbeln und Trommeln
  Und heller Fanfar'!

Sie eilen zum Kampfe
   Mit Büchs' und mit Speer,
Voll Durst nach dem Tranke
   Des Tods sonder Ehr':
Nun, Reiter und Fußvolk,
   Den Hügel hinab!
Wie Pharao frißt sie
   In der Blüthe das Grab!

Seht, Federn und Fähnlein
   Durchflattern die Flur:
Soll Gottes Volk schonen?
   Nein, schlachtet sie nur!
Auf, hauet sie nieder,
   Freund, Vater und Sohn;
Ha, die Erde, sie dürstet,
   Bis der Tag unser Lohn!

Schnallt fest eure Schilde
   Und erhebet das Schwert;
Scharf hau'n muß die Klinge
   Für Gott und den Herd!
Bedenkt, daß wie Regen
   Der Heil'gen Blut floß,
Und daß unsre Hütten
   Zerstörte der Troß!

Drauf, drauf! Unbegrabne
    Gebeine, sie schrei'n
Um Rache, laßt Märtyrer
    Des Glaubens uns sein!
Haut nieder die Räuber,
    Bis Alles erliegt;
Dann verkündet mit Freuden,
    Daß der Himmel gesiegt!

28.

Der alte Tim.

————

Es liegt ein Schifflein auf dem Sand;
Die blauen, glatten Wellen feiern;
Es scheint wie völlig unbemannt,
Und keine Seel' ist drauf, zu steuern!

'S ist wunderbar, ein Ding wie'n Schiff
In einsam stiller Bucht zu schauen,
Wenn Winde mit gespenst'gem Pfiff
Wie Geister seufzen in den Tauen!

Wie, sollt's ein Geisterschiff wohl sein,
Vom Sturm und Ozean ermattet,
Das hier geendet seine Pein
Und nun zur letzten Ruh' bestattet?

O nein, dort geht ein Seemann hin,
An blauer Jacke zu erkennen;
Ein kleiner Mann mit heiterm Sinn,
Den Tim die Nachbarn traulich nennen.

6*

Ich kenn' ihn wohl — denn Herr ist er
Als Küstenfahrer von dem Schiffe;
Sein Herz ist kühn und frei, wie's Meer,
Doch prahlt er, wie der Wind um Riffe.

Er ist auch Vater und hat zehn,
Wie Andre sagen, zwanzig Kinder;
Doch gilt dies gleich, er ist verseh'n
Für zehn und mehr, der alte Sünder!

Doch horch'! er singt sein Liebchen, frisch
Von Schiffbruch, Brandung, Wind und Wogen,
Vom Delphin und dem fliegenden Fisch
Und Nixen, die manch Lieb betrogen.

Auch spricht er, mein' ich, oft und gern
Von schlanker Mädchen Wellentanze,
Die singen in den Buchten fern
Und kämmen ihr Haar im Sonnenglanze.

O, Wunderbares hat er jung
Im großen Ozean gesehen:
Den Fisch, von dessen Riesensprung
Die Meere sich geschaukelt drehen;

Die Schlange, deren Glieder um
Das stille Meer viel Meilen gehen,
Und Indier ohne Kopf, doch drum
Nicht minder schrecklich anzusehen!

Nun setzt er die Cigarr' in Brand,
Glattblättrig, bräunlich, echt Havannah,
Und bläst den krausen Dampf ins Land,
So süß für ihn, wie Wüstenmanna.

Fort zieht der Rauch bald fadendünn,
Bald wolkendick in hohen Säulen;
Schwarz, blau, weiß, golden fliehen hin
Die dichten Wirbel ohne Weilen.

Sein kleines, tiefes Augenpaar,
Mit rauhen Borsten überschäumet,
Blinzt wie beim flüggen Falk — fürwahr,
Von wunderbarem Ruhm er träumet!

Nun, lieber wär' ich in der That
Der Wicht, der fröhlich schmaucht beim Takeln,
Als Lord und Ritter, der im Rath
Und auf den Bällen mag orakeln!

Er sonnt die Glieder auf dem Deck;
Er hört Musik auf wildem Meere;
Er beugt sich keinem reichen Geck
Und sehnt sich nicht nach Ruhm und Ehre.

Er lebt sich selbst — 'ne kleine Welt
In einer zweiten größern wieder;
Doch weiß er auch, weil's ihm gefällt,
Daß alle Menschen seine Brüder.

Er singt sein Lied und raucht sein Kraut;
Er spinnt sein Garn von grausen Fabeln,
Und schläft, wenn er sein Brot verdaut,
Vortrefflich auf den harten Kabeln,

Das Meer ist zwar bisweilen wild,
Doch trotzt sein Schifflein und sein Steuer;
Zu andrer Zeit ist's ruhig, mild
Und schmuck wie Mädchen, kömmt ihr Freier.

'S ist auch fürwahr ein Hochgenuß
Zu segeln, wenn die Lüfte spielen
Um unsre Wangen — o, dann muß
Das Herz manch freiere Regung fühlen!

Denn wer zur See war und die Brust,
Die mächt'ge, wogen sah und beben,
Wer fühlte dann sein Herz vor Lust
Nicht allen Fesseln kühn entschweben?

Was weit und wild und fremd und groß,
Das mischt sich dann mit seinen Sinnen!
Er fühlet sich vom Lande los,
Um Unbegrenztes zu gewinnen!

Leb' wohl, du glücklicher alter Mann,
Du lust'ger Seemann, guten Morgen!
Dein Wohl in einer vollen Kann',
Du Gegenfüßler aller Sorgen!

29.

Hexenluft.

I.

Wenn der Nachtwind heult und rast
Um Gräber, frisch begrast,
Darin der Todte harrt
Und wild gen Himmel starrt;
Wenn die Koboldbrut sich zeigt
Und zu Fünf und Dreien schleicht,
Und von dem bleichen Raub
Wegreißt die morsche Schaub',
Und mit dem grimm'gen Zahn
Nagt Bein und Knochen an;
Oder kämpft auf heil'gem Grund
Um schöner Mädchen Mund
Und edler Frauen Zung',
Die rein von Lästerung;

Und saugt die Wangen bleich
Von Kindern, zart und weich,
Und streut in wilder Freud'
Die Schädel weit und breit
Und schreit im Wahnsinn wild,
Daß Furcht die Erd' erfüllt: —
 O dann, o dann, o dann
 Zieh'n wir zu Hauf heran;
Schallt solch gespenstig Schrei'n,
Dann können wir uns freu'n.

II.

 Wenn des Mörders Leiche bleich
 Sich schwingt im luft'gen Reich,
Daß die Galgenketten schwier'n;
Wenn die Fledermaus das Hirn
Und die Eul' die Augen schmaust,
Und der Fuchs das Fleisch zerzaust,
Indeß der Rabe schreit,
Der Galgenfürst, vor Freud',
Und auf den Schädel satt
Sich kauernd, schauet matt,
Doch mit gar düsterm Stolz
Weit über Moor und Holz,
Und träumt, daß nächster Tag
Ihm Frisch'res bringen mag;

Und wenn in Sumpf und Moor
Ein Wandrer sich verlor,
Weil die Geister ihn geirrt,
Und ein Irrlicht vor ihm schwirrt,
Dem folgt der arme Wicht,
Bis Rettung ihm gebricht,
Und ihre böse Macht
Ihm frühes Grab gebracht: —
  O dann, o dann, o dann
  Zieh'n wir zu Hauf heran;
Ha, ha, verstummt sein Schrei'n,
Dann können wir uns freu'n.

III.

  Wenn Nordens Geisterheer
Den Sturmwind schickt auf's Meer;
Wenn Blitzes Flamme zückt,
Und ein Schlag die Luft erstickt;
Wenn's Meer erwacht und Streit,
Wahnsinn und Schrecken beut,
Und das stolze Schiff zerschellt,
Wie'n Glas, das niederfällt,
Und der Donner schaurig rast
Und trifft den mächt'gen Mast,
Und wie Federn auf dem Schaum
Umhertreibt Plank' und Baum;

Wenn im Sturm zu See und Land
Furchtſame nah'n dem Strand
Bei der Mannſchaft Wuthgeſchrei,
Die ſinkt und dann aufs Neu'
Auf der kalten Wog' erwacht,
Weil Bein und Rippe kracht
Am Felſenriff, das ſchnell
Sie rückwärts wirft zur Höll': —
    O dann, o dann, o dann
    Zieh'n wir zu Hauf heran;
Denn ſchallt ſolch wildes Schrei'n,
Dann können wir uns freu'n.

IV.

Wenn greiſe Eltern geh'n
Das edle Wrack zu ſeh'n,
Und ihre Söhne dann
Die Brandung bringt heran,
Ganz ſchwarz und blau vom Krampf
In ihrem Todeskampf,
Als auf der naſſen Bahn
Den Mund zerfleiſcht der Zahn;
Wenn Jungfrau'n steh'n am Strand
Auf trümmerreichem Sand,
Und Wog' auf Woge wild,
Die zu ihren Füßen ſchwillt,

Einen bleichen Buhlen bringt,
Daß die Braut die Hände ringt
Und vor Verzweiflung gar
Zerreißt das feuchte Haar: —
    O dann, o dann, o dann
    Zieh'n wir nicht mehr heran;
Ihr herzzerbrechend Schrei'n
Kann nimmer uns erfreu'n.

30.

Ein Sabbathmittag im Sommer.

Die Still' an diesem schönen Tag,
  Des Waldes Dunkelheit,
Der Blumenduft auf Flur und Hag
  Gar Wunderbares beut!
Hier athmet ein gequälter Geist
  Balsam'sche Einsamkeit.

Es ist ein lieblichsüßer Fried',
  Der überall nun weht —
Ein stilles, heil'ges Seelenlied,
  Ein stumm Gefühlsgebet!
Zu voll für seine Wonn' ist's Herz,
  Die Schöpfung schweigend steht.

Sie schweigt und zeiget doch dabei,
  In dieser Dämmernacht
Ununterbrochner Träumerei,
  Die hohe Lieb' und Macht,
Die wie der sanfte Sonnenschein
  Auf Laub und Blumen wacht.

Wie schweigt das Nest, erfüllt von Sang,
   Im grünen Blätterzelt!
Und jede Brust ist stumm und bang,
   Die Melodie sonst schwellt.
Wiewohl der Stunde Seligkeit
   Ihr funkelnd Aug' erhellt.

Hinaus, wie Vöglein frei, mein Herz!
   Und misch' dich in die Fluth
Der Seligen, die ohne Schmerz,
   In reinster Schönheitsgluth
Umgeben dich, voll Engelslicht
   Und Freud' und Stolz und Muth.

Hier auf der Bank, die überschaut
   Das weit sich zieh'nde Thal,
Und unter dieser Buche traut
   Träum' selig dich einmal:
Denn Schön'res nicht erblickt dein trüb
   Gesicht zum zweiten Mal.

Sacht stiehlt sich aus dem Farrnkraut dort,
   Den fernen Berg entlang,
Mit leichter Klau' ein Rehpaar fort
   Zum Bach in heißem Drang;
Ihr sanften Kinder des Gedicks,
   Trinkt nur und seid nicht bang!

Umrauscht vom gelblichen Gebüsch,
  Das krönt die nächsten Höh'n,
Streckt sich ein Hirtenknab', und frisch
  Ringsum die Schafe geh'n,
Die gleich lebend'gen Lichtern auf
  Den grünen Au'n zu seh'n.

O, wie erfüllt der Anblick mich
  Mit inn'ger Seelenfreud',
Wie diese stumme Herde sich
  Um ihren Hüter reiht,
Als fühlte sie ganz unvermischt
  Der Stunde Seligkeit!

Die zarte Blume, die voll Lust
  Und mit Bescheidenheit
Entfaltet ihre kleine Brust
  Und süße Düfte streut,
Sie übt, o Gott, mit stummem Mund
  Der Lieb' Beredtsamkeit!

Im Baum, mit Fähnlein grün belaubt,
  Kein Zephyrhauch sich regt;
Sein Schatten schlingt sich um mein Haupt,
  Das sanft der Rasen trägt;
Die Töne schweigen — die Natur
  Hat sich zur Ruh' gelegt.

Das kofende Geschwätz der Quell',
Der Bäume Flüsterklang,
Und all die Töne freudighell
Der Vöglein, deren Sang
Den Wald vorher erfüllte, sind
Verstummt am Bergeshang.

Durch diesen Sommermittag schwimmt
Ein nächtlich Schweigen hin,
Und Alles hat gar wohl gestimmt
Natur mit heil'gem Sinn,
Der frommen Träume sich zu freu'n,
Wenn Juni zieht dahin.

Wie schön in jenem fernen Thal
Des Dörfchens Kirchthurm glüht,
Deß Fähnlein in dem Mittagsstrahl
Hell glänzend Feuer sprüht!
Und horch', wie süß die Glocke klingt —
Der Dörfler ländlich Lied!

Die heil'gen Klänge strömen mild
An mein entzücktes Ohr;
Und nun, wie herrlich fällt und schwillt
Der Gläub'gen Wechselchor —
Der Herzen, deren Reuezähr'
Quillt aus dem Staub empor!

Wohin ich seh' — dein Schatten senkt,
   O Gott! sich weit und breit;
Und an dem reinen Quell getränkt
   Der tiefsten Frömmigkeit,
Liebt Alles, was du schufst, mein Herz
   Und kehrt zu dir allzeit.

Indeß ringsum der Sonnenstrahl
   Goldhelle Fluthen streut,
Singt meine Seele noch einmal,
   Wie in der alten Zeit,
Das Danklied, welches sonst mein Herz
   Dir ohne Zwang geweiht,

Als sich dem Einfluß der Natur
   Des Kindes Herz erschloß,
Wie sanftem Thau, der auf der Flur
   Sich in den Kelch ergoß,
Die Blume, die gesenkten Haupts
   Dann süßer duftend sproß.

So ist die Stunde nun entschwebt
   In sel'gem Sinnen mir;
Ich fühl' mich der Natur verwebt —
   Ein groß Geheimniß mir —
Als Theil des Himmels, Theil der Erd'
   Und Theil, o Gott! von dir.

Schnell flieht des Lebenstraumes Qual,
   Wie Gras vor'm Sturm sich beugt,
Indeß sich mir gleich einem Strahl
   Die tiefe Lehre zeigt,
Daß jedes stumme Herzensweh'
   Doch äuß're Schönheit zeugt.

31.
Trauergesang.

——

I.

Stund' auf Stunde,
Tag auf Tag
Fällt eine Blüthe,
Ein Blatt vom Hag
Des Menschenherzens;
Thrän' auf Thrän'
Entpreßt der Schmerz,
Weil Winde weh'n
Ein theures Blättchen
Vom grünen Strauch
Des Menschenherzens;
Sturmeshauch
Entblättert Alles;
Hagel, Schnee
Und Regen fällt
Und bringet Weh':
Des Lebens Sand verrinnt gemach
Und die Geliebten geh'n,
Bis die beraubten Herzen nach
Verzweiflung fleh'n.

II.

Was trag' ich noch länger
  Des Schicksals Spott,
Wenn alles Theure,
  Herzliebe todt?
Stein sagt's dem Steine
  Als Trauerbot',
Wie Gräber sich füllten,
  Manche Wang' erblich,
Wie Herzen erkühlten,
  Wenn Sturmwind strich,
Und die Nerven erbebten
  Und krümmten sich.
Blüth' folgt auf Blüthe
  In Herzens Laub'
Und fällt den Wettern
  Der Zeit zum Raub;
Und Blatt auf Blatt und Leid auf Leid,
Die Nacht, die den Tag verscheucht,
Sagt sinkend uns, daß kurz die Freud'
Und bald das Leben verstreicht.

III.

Das Seegras, das Wind
  Und Woge trägt
Und in fremdem Sande
  Zu Grabe legt,

Mag sprechen von einer
Gütigern Hand,
Als ich auf des Lebens
Verödetem Strand.
Nam' folgt auf Namen
In Ewigkeit,
Wie Welle der Welle,
Der säumenden, dräut;
Der Sturmwind braust,
Der Hagel, Schnee
Und Regen fällt
Und bringet Weh,
Bis Lebens ödem Baum' — ein Schaft,
Ein kahl Gerippe blos,
Das blätterleer und ohne Saft —
Fällt der Verzweiflung Loos.

IV.

Die Welt ist weit
Und reich und schön,
Und überall
Voll Pracht zu seh'n:
Doch kann ihre Hohlheit
Uns entgeh'n?
'S ist eine Schale
Voll Bitterkeit;

Ein großes Lebwohl
　Der Seligkeit,
Und gleicht der Liebe
　Abschiedsgeläut.
Das schifflose Meer
　Zeigt höhere Pracht
Als diese Wüste,
　Wo über Nacht,
Was hold und süß und traut uns schien
Und was wir heiß geliebt,
In Herzens Laube frisch und grün
　Für alle Zeit verstiebt.

V.

Fern seiner Art
　Treibt dieser Sinn,
Dies öde Herz
　Allein dahin;
Es sehnt sich nach
　Dem Strand ohne Fluth,
Wo die Trümmer liegen
　Von altem Gut,
Die edlen Trümmer
　Von geist'gem Erz,
Wo nicht mehr bricht
　Der Geliebten Herz.

Ich treib' allein,
        Denn Alles ist todt,
    Was ich geliebt,
        Was Liebe mir bot;
Und freudig grüß' ich nun die Woge,
    Die mich zum Grabe reißt;
Willkomm, dreimal willkomm die Woge,
    Die Ewigkeit verheißt!

32.

Der Sommer.

———

Er kommt! der süße Sommer kommt
   Mit Blumen, Huld und Lieb';
Er kommt, der heitre, der mit Laub
   Die Lauben grün umzieht.
Auf, auf, mein Herz! und geh' hinaus,
   Wirf ab die Sorgen all,
Such' stille Berg' und lagre dich
   Am kühlen Wasserfall;
Wo der ehrwürdig alte Baum
   Dir seinen Schatten beut,
Da schaue nach der blauen Luft
   In sel'ger Einsamkeit.

Das Gras ist sanft und fühlt sich an,
   Wie Sammet weich und lind,
Und wie der Kuß geliebter Maid
   Ist süß und traut der Wind.

Das Maslieb nickt, die Butterblum'
　Verbeugt voll Anmuth sich:
Die wärmste Lieb' entflammt ihr Blut,
　Und sie begrüßen dich.
Und sieh'! mit deinem Lockenhaar,
　So silbergrau und dünn,
Liebkost der Wind und flüstert leis:
　„Erheitre deinen Sinn!"

Nicht eine Wolke segelt längs
　Dem blauen Himmelsmeer,
Worin nicht seine Melodie'n
　Anstimmt der Vöglein Heer;
Sie breiten ihre helle Schwing',
　Die strahlt wie rothes Gold,
Und horch'! sie ziehen ihre Bahn
　Mit Liedern frisch und hold.
Gott segne sie, die lust'ge Schaar,
　Die in den Lüften weilt,
Der Erde schnöde Lust verlacht
　Und edlere Freuden theilt!

Doch still! mein Ohr hört einen Ton
　Aus jenem dunkeln Hain;
Der Geist der grünen Waldesmatt'
　Rief aus den Namen sein.

Ja, ja, er ist's, der Eremit,
　Der, Seinesgleichen fern,
Den Rosenkranz eintönig sagt
　Dem sanften Abendstern.
Guckuck! Guckuck! so ruft aufs Neu'
　Der kunstlose Gesell!
Am eh'sten rührt ein einfach Lied
　Des Herzens tiefen Quell.

Gott! 's ist ein gnadenreich Geschenk
　Verwirrtem Wicht wie mir,
Zu riechen wiedrum unterm Baum
　Die Sommerblumen hier!
Zu saugen in jedwedem Zug
　Die kleinen Seelchen 'ein,
Und nachzuhängen süßem Traum
　Aus Lenzes Sonnenschein,
Wo noch der Knabe leichtgesinnt
　Wie'n ungezähmtes Roß
Den Tag lang schweift' im grünen Wald,
　Der Lust sein Herz erschloß!

Nun bin ich trüber, und mit Grund,
　Doch denk' ich stolz daran,
Daß jeder reinen Freudenquell'
　Ich noch mich freuen kann: —

Laub, Blüthe, Halm, Berg, Thal und Strom,
  Die wolkenlose Luft,
Sind noch Musik in meinem Traum,
  Sind noch mir reinster Duft.
Doch scheint mir Sommers Lieblichkeit
  Und Licht farblos und kalt,
Dann trifft mich Lebens schwerster Fluth —
  Ein Herz, verwelkt und alt!

88.

Der Wechsel.

———

Der Wechsel herrscht im All:
Dies zeigt der Blätter Fall
Vom kräft'gen Waldesbaum;
Zum Meeressaum
Zieh'n mächt'ge Flüsse viel,
Es ist ihr Ziel:
Was lebt und webt — dem Wechsel ohne Säumen
Fällt es zum Raub;
Ein gleiches Ende wird des Lebens Träumen,
Nacht, Thränen, Staub!

Der Tag schließt seinen Lauf;
Die Sonne gehet auf,
Ein Wunder voller Pracht,
Und sinkt in Nacht;
Ein Leichenschleier hält
Umfaßt die Welt.
Am Firmament die Leuchten, Himmels Meister,
So strahlendhell,
Verschwinden von dem Thron, wie bleiche Geister,
Am Morgen schnell.

Auf Städten alter Zeit
   Geht nun das Thier zur Weid',
Und Pyramid' und Schloß
   Wird Staubgenoß.
Der himmelhohe Thurm
   Trotzt nicht dem Sturm,
Die Ozeane wechseln ihre Betten,
   Zu Land wird's Meer,
Und Stern und Sonne sinkt in dunkle Stätten
   Und scheint nicht mehr.

Der Name sinkt ins Grab,
   Der Furcht den Völkern gab;
Die Zeit bekämpft nicht lang
   Der Heldensang;
Ja, in Vergessenheit
   Begräbt die Zeit
Die mächt'gen Seifenblasen dieser Erde,
   Und macht zu nicht
Nach kurzer Frist mit düsterer Geberde
   Den letzten Wicht.

Die Welt wird mälig alt,
   Der Himmel trüb' und kalt,
Und Nichts entgeht der Zeit
   Als Menschenleid.

Doch nein, dies endet auch
Der letzte Hauch:
Für eine Weile muß das Herz sich geben
Dem Schmerz zum Raub,
Doch endlich flieht es Liebe, Licht und Leben
Und kehrt zum Staub!

34.

An Robert Peacock [5].

––––

Leb' wohl, mein Freund! du ruhst vielleicht
Noch einst an meiner treuen Brust:
Leb' wohl, mein Freund! die Sorg' entweicht,
Daß geh'n du mußt!

O, sagte dies Erinnrungsmal
Nur halb, was sagen wollt' mein Herz,
Es malte dir Verzweiflung, Qual
Und bittern Schmerz.

Doch, warum sollte Klag' und Leid
Die Abschiedsstunde noch entweih'n?
Nein, laß mich lieber beff're Zeit
Dir prophezeih'n.

Die Phantasie malt zaubrisch mild
Ein Bild voll Liebe, Licht und Ehr';
Du hast erreicht, was du gewollt,
Ja selbst noch mehr.

151.

Glück krönt dein Thun; es schwinget sich
Voll Ruhm dein Name himmelwärts,
Und Liebe führt zur Heimath dich,
An ein dich liebend Herz.

Leb' wohl! und traure nicht beim Scheiden,
Im Leben wechselt Nacht und Licht;
Und kommt bisweilen herbes Leiden,
So fehlt Ersatz doch nicht.

Mir aber, den das Schicksal haßt,
Mir winket keine künft'ge Freude:
Mir ist das Leben eine Last
Von stetem Leide.

Das Buch des Schicksals, es enthält
Manch herbe, düstre Fügung schon:
Ich leb' nur für den Haß der Welt,
Für Spott und Hohn.

Ich bin nicht glücklich, 's ist nur Schaum —
Ich bin nicht heiter, 's ist nur Schein;
Mein Leben ist ein Fiebertraum
Voll Sorg' und Pein.

Rings seh' ich heitre Menschen lachen,
Seh' froher Augen muntres Spiel,
Und wär' ein Schurke, wollt' erwachen
In mir kein Mitgefühl.

So borg' ich denn von Andern Luft,
Die nimmer kann mein eigen, sein,
Und berg' in meiner tiefsten Bruft
Den Schmerz allein.

Leb' wohl! und mög' dich Gott begleiten
Allüberall zu See und Land!
Mög' er zu Glück und Gunst dich leiten
Mit Vaterhand!

Und bringt dir ein Gedank' an den,
Der für dich betet, einmal Weh',
Dann laß den Sturmwind ihn verweh'n
Zur wilden See!

Kein Bangen, keine Furcht geselle
Sich zu der Reinheit deiner Freud',
Und keine heitre Luft vergälle
Dir solches Leid!

Nochmals, leb' wohl! mich dünkt, es naht
Den Segeln frischer Windeshauch.
Leb' wohl! und nun mein letzter Rath —
O, wirf zurück kein Aug'!

35.

O, wehe dem Befehl.

———

O, wehe dem Befehl, wornach
Mein Schatz marschiren mußt',
Und weh' der Sache, die getrübt
Mein Aug' und meine Brust;
O, weh' dem bösen blut'gen Krieg
Im fernen deutschen Reich,
Denn er hat mir mein Lieb geraubt
Und brach mein Herz zugleich.

Die Trommel wirbelt' in der Früh,
Als kaum der Tag gegraut,
Und in der Morgendämmrung gellt'
Die Pfeife schrill und laut;
Die schmucken Fahnen wehten all',
Den Tapfern eine Lust,
Doch weh', daß nach dem deutschen Reich
Mein Schatz marschiren mußt'.

O, lang, lang ist der Weg nach Leith
Und seiner schönen Rhed',
Und schrecklich ist ein Marsch zu Fuß,
Wenn Schneegestöber weht;
Und ach! im Aug' gefror vom Wind
Mir selbst die heiße Thrän',
Als nach dem deutschen Reich mein Lieb
Ich wollt' einschiffen seh'n.

Weit sah ich übers blaue Meer,
So lang zu sehen nur
Ein bischen Segel auf dem Schiff,
Worin mein Liebster fuhr;
Gar scharf und bitter blies der Wind,
Der 's Schiff zur Ferne trieb,
Und 's Meer und der grausame Krieg
Hat mir geraubt mein Lieb.

Nun denk' ich nimmer an den Tanz
Und mag selbst singen nicht,
Und hör' nur unserm Nachbar zu,
Bringt er ein neu Gerücht.
Bisweilen strick' ich einen Strumpf —
Wenn stricken sagen dürft',
Wer eine Masche macht und drei
Dafür herunterwirft.

Mein Vater schilt mich bitterbös,
Die Mutter spottet mein
Und nennt mich ein verzärtelt Ding,
So traurig stets zu sein;
Doch kennen sie die Ursach nicht,
Die macht mein Aug' so trüb:
Sie haben in dem deutschen Krieg
Nicht solch ein schmuckes Lieb.

36.

Der Bach.

———

Die sanfte Sommerdämmerung
　　Umzog das dunkle Thal,
Da sahen an dem kalten Bach
　　Wir uns zum ersten Mal:
Wir saßen auf dem blum'gen Rand
　　Und blickten in den Bach
Und sahen von der Seit' uns an,
　　Doch keine Zunge sprach.

Der Wiesenläufer klagt' im Strauch
　　Mit traurigem Gesang;
Die Sterne zogen träumerisch
　　Den Himmelspfad entlang;
Der Bach gestand den Blumen zart
　　Seine Lieb' mit freiem Mund;
Wir aber sah'n und hörten Nichts
　　In jener sel'gen Stund'.

Wir hörten und wir sahen Nichts
    Ringsum und in der Fern';
Wir fühlten, unsre Liebe lebt', —
    Und spricht der Mund dann gern?
Ich sah in dein Gesicht, bis mir
    Das Aug' eine Thräne schwellt';
Sie fiel auf deine kleine Hand —
    Mir alles Gold der Welt.

Nun fällt des eisigen Winters Schnee
    Auf Halm und Wiesensaum,
Und nun beraubt der kalte Wind
    Des Laubes jeden Baum:
Doch nicht so schleunig fällt der Schnee
    Und nicht so schnell das Laub
Von seinen Aesten, als dein Herz
    Der Untreu' ward zum Raub.

Denn einen andern Bräutigam
    Hast du dir auserwählt;
Doch ist sein Herz in heißer Lieb',
    Wie mein's, mit dir vermählt?
Zwar magst du haben Haus und Hof
    Und manches schöne Kleid;
Doch bringt dies Alles bir zurück
    Den Frieden früh'rer Zeit?

Leb' wohl, leb' wohl für immerdar,
   Mein erst und letztes Lieb!
Mög' deine Freud' in Zukunft blüh'n, —
   Mir bleibt die Vorzeit lieb!
Nur Traurigkeit und Sorge bringt
   Die böse Stunde mir;
Doch leicht, wie deine Liebe, geh'
   Vorüber sie an dir!

37.

Lied des dänischen Seekönigs.

———

Auf tiefem Meer ist unser Schiff,
Das Schwert in unsrer Hand;
Die weite See ist unser Erb',
Und wir verschmäh'n das Land;
Der hohle Wind macht uns Musik,
Und kühnre giebt's nicht leicht,
Als wenn der rauhe Sturmwind durch
Die stolzen Wogen streicht.

Auf den Wogen tanzet unser Schiff,
Sein hoher Mast erdröhnt,
Gebeugt vorm Winde, deß Halloh
Den Freunden freundlich tönt;
Sein Schnabel durch der Wellen kraus
Getümmel lustig schießt,
Und unser Herz mit hoher Lust
Das Meer als Heimath grüßt.

Die mächt'gen Adlerschwingen kühn
Dem Winde zugewandt,
Seh'n wir als dunkle Flecken nur
Das matte, träge Land.
Wir zieh'n durch unerforschte Meer'
Und Reiche ohne Strand
Wie Feuerstern' und Geister, frei
Von jedem Erdenband.

Der weiten Meereswildniß Herr'n,
Schau'n wir voll Stolz darein,
Und unsre Macht bestreiten nur
Die Element' allein.
Kein Grenzstein unsre Freiheit stört,
Und kein Gesetz ermißt
Des Himmels Bogen und das Meer,
Das uns die Füße küßt.

Der Krieger mag zu Land ein Roß
Bezähmen, wild vor Wuth;
Wir reiten kühn ein wildres Roß —
Die ungezähmte Fluth;
Und edlere Lanzen bricht das Schiff,
Wenn's durch die Wogen fegt,
Und Herold Sturm der Tapfern Ruhm
Durch alle Meere trägt.

Hurrah, hurrah, der Wind springt auf —
Wie frei und frisch er zieht,
Und jedes neubelebte Tau
Laut pfeift sein furchtlos Lied!
Die Segel strotzen all' vor Luft
Und küssen wildbewegt
Den weißen Schaum, der in die Fern'
Des Meeres König trägt.

38.

Ritterlied.

———

Ein Roß! ein Roß mit schnellstem Huf,
    Ein gutes, scharfes Schwert!
Das Andre hält ein edles Herz
    In gar geringem Werth.
Wenn's Streitroß wiehert stolz und wild,
    Wenn Trommelwirbel rollt,
Und wenn die Kriegsdrommete schallt,
    Klingt's heller nicht als Gold?
Der Ritter donnerndes Gedräng',
    Ihr Schlachtruf laut und gell
Möcht' Engel locken aus der Höh',
    Und Teufel aus der Höll'!

Zu Roß! zu Roß ihr Tapfern all',
    Setzt auf den Helm zum Strauß!
Des Todes Herold', Ehr' und Ruhm,
    Sie rufen uns hinaus.

163

Keine feige Thrän' füllt unser Aug',
    Wenn's Schwert in unsrer Hand;
Wir scheiden, doch wir seufzen nicht
    Selbst um die Schönst' im Land.
Der sieche Hirt, der zage Wicht
    Wein' sich die Augen roth:
Wir suchen manneswürd'gen Kampf
    Und heldenmüth'gen Tod.

39.

Der Ritter.

———

Der Ritter gürtet kühn sein Schwert
   Und nimmt den Helm mit hoher Freud';
Er läßt sein schönes Lieb zurück
Und sucht in Schlacht und Kampf das Glück
   Der edlen Treu' und Tapferkeit.

Umrauscht von Waffenlärm, dem Klang
   Der hochgebornen Ritterschaft,
Denkt nicht er an sein Vöglein weit,
Und in der Freien blut'gem Streit
   Verleugnet er der Liebe Kraft.

Doch auf der Wacht um Mitternacht,
   Wenn düstrer schon das Feuer ward,
Schwingt oft die Phantasie sich auf
Und eilt nach Haus in raschem Lauf,
   Wo Liebchen seiner Heimkehr harrt.

Dann singt er muthig: „Fort, o fort,
  Gedanken, schleicht euch nimmer ein!
Du trüber Blick, du feuchtes Aug',
Du banger Mund, du Seufzerhauch,
  Was fällt ihr der Erinn'rung Schrein?

O, wär' erst Morgendämmerung
  Und leuchtet' mir auf Ruhmespfad,
Daß ich dem Ruf den Lorbeerkranz
Entreißen und des Sanges Glanz
  Erwerben könnt' durch kühne That!

Wenn dann mein Durst nach Ruhm gestillt,
  Erheisch' ihr Recht die zarte Lieb';
Jetzt aber, wo die Lanzen glüh'n,
Die Banner weh'n, die Rosse sprüh'n,
  Ein lang Ade der Frauenlieb'!

40.

Entzücken!

———

Entzücken! Entzücken!
  O, wie entzücken
Mich diese dunklen Augen,
  Die aus seidnen Wimpern blicken!
Sie lieben! sie lieben
  Mich innig und mit Feuer,
Und mehr als Alles auf der Welt
  Sind mir die Augen theuer.

Entzücken! Entzücken!
  O, wie entzücket
Mich dieses sonn'ge Lächeln,
  Das die sanften Wangen schmücket!
Es strahlet! es strahlet,
  Wenn ich ihr näher rücke,
Und lieber wird dies Lächeln mir,
  So oft ich es erblicke.

Entzücken! Entzücken!
  O, wie entzücket
Mich diese Flötenstimme,
  Die mein Gemüth bestricket!
Sie singet! sie singet
  Deine heiße Lieb' zu mir,
Und widerhallt mein treues Herz
  Die treuste Lieb' zu dir.

Entzücken! Entzücken!
  O, welch Entzücken
Bringt Herolds Ruf, wenn Wappen
  Die weiten Schranken schmücken!
Dann knieest du betend
  Im heitren Sonnenglanze,
Und herzliche Gebete weihst
  Du meiner guten Lanze!

Entzücken! Entzücken!
  O, wie entzücket
Mich diese seidne Schleife,
  Die den rechten Arm mir schmücket!
Einst ziert' sie den Busen,
  Der wogt allein für mich,
Und nun umwindet sie den Arm,
  Der Ruhm gewinnt für dich!

41.

Reiterlied.

———

Auf, in den Bügel rasch den Fuß,
 Die Hand an die Kandar'!
Auf, in den Sattel, denn ins Feld
 Zieht wiedrum unsre Schaar!
Ein Lebewohl dem Weib und Lieb,
 'S ist keine Zeit zum Weh';
Gott helf'! wir haben ihr Gebet,
 Sie unser Herz, Ade!
Wir reiten fort, wie's Reitern ziemt,
 Mit wackerm, kühnem Muth,
Und zahlen alte Schulden aus
 Mit Säbeln blank und gut.

Die Drommete ruft! — Trab, Trab! Trab, Trab!
 Willkomm, ihr Abschiedskläng'!
Heraus das Schwert! durch Rauch und Staub
 Geht's donnernd ins Gedräng'.

Galopp und drauf durch Schwefeldampf,
　Der uns blendet beim Gesang. —
Weh', weh' dem Schelm, der Königs Fahn'
　Nicht folget frei und frank!
Doch Heil dem wackern Reitersmann,
　Der an dem Sattel klebt.
Deß Schwert das Recht der Majestät
　In Rebellenschädel gräbt!

Marsch, marsch! hei, die Drommete bläst
　Das letzte, wilde Signal:
„Zum Angriff!" ein empörtes Meer,
　Das wälzt der Sturm ins Thal.
Ha! wie der Feind auf unsern Helm
　Mit knall'nden Büchsen schießt!
Marsch, marsch! und gebt den Gegengruß
　So scharf, wie sie gegrüßt!
Nun drauf! nun an das Werk — schon fängt
　Manch Glied zu weichen an;
Nun drauf und dran — das sprüh'nde Schwert,
　Es bricht sich blut'ge Bahn!

Haut ein, haut ein zuerst und dann
　Parirt, so gut ihr mögt!
Auf! auf die Schelme, bis der Stahl
　Die Tenne rein gefegt!

Hurrah, hurrah! für Kirch' und Staat,
Für Kron' und Vaterland!
Wir schlagen brav und rechts und links,
Trifft Schurken unsre Hand.
Drommetenschmettern, Feldgeschrei,
Der Tag ist unser Lohn!
So ziemt es unserm Schwert, das Gott
Zum Schutze gab dem Thron.

42.

Er ist fort.

————

Er ist fort! er ist fort!
  Wie vom Baume das Laub,
Wie der Flaum, den der Nord
  Wegführet als Raub.
Er verließ die Geliebte,
Eine Thrän' aber trübte
Wohl sein Aug', als er übte
  Den Treubruch an mir!

Ach! er ist mir geraubt,
  Und er zieht in den Streit
Mit dem Helm auf dem Haupt
  Und dem Schwert an der Seit'.
Als sein Helmbusch keck nickte,
War es Reu', die ihn drückte?
Denn sein Aug' — o, das blickte
  Zum Lebwohl nach mir!

Er ist fort! er ist fort,
    In die Fern' über See!
Eh' er kehret von dort,
    O oht mir, ach, noch manch Weh'!
Wo sein Roß er mag lenken,
Wo die Lanzen sich senken,
Wird der Blick' er wohl denken
    Der Liebe von mir?

Er ist fort! er ist fort!
    Wie die Blätter vom Baum;
Doch sein Herz ist verdorrt,
    Denkt er mein nicht im Traum!
Denn mir träumt von ihm immer,
Und sein Schwert und der Schimmer
Seines Panzers wird nimmer
    Vergessen von mir!

43.

Der Wildschütz.

———

Wackre Freund'! in den Wald, in den frischgrünen Wald,
   Wo die Blätter mit Perlen bestreut,
Und die Morgenröthe die Triften umwebt,
   Wie das Lächeln rothwangiger Maid.

Unser Horn schmettert munter durch Kluft und Gebüsch,
   Und es rasselt der Pfeil; denn im Wald
Giebt der kräftige Bogen allein das Gesetz,
   Und aufs Neu' gilt für Recht die Gewalt.

Seht die Rudel, keck springen sie über die Flur:
   Schießt die Fetten, die Magern laßt geh'n!
Es ist billig, daß essen die kräftigen Leut',
   Paßt den Pfeil ein und zielt nach den Reh'n!

Gut getroffen, mein Treu! wie nun krampfhaft es hüpft,
   Noch ein Sprung — dann fällt's auf die Seit';
Unser Stahl hat zerrissen den innersten Nerv,
   Und kalt ist des Walds höchste Freud'!

Hebt es auf und fort! — Sollt' ein elender Knecht
  Uns fragen, was wir ſtreifen im Wald —
Ha, bereit iſt ein Schaft in dem Gurt, und ſein Blut
  Giebt die Antwort dem Schurken dann bald!

Drum Freunde! voran, wie der ſorgloſe Wind,
  Bis in Luſt unſer Leben verbrauſt;
Unſern Bogen trägt bis ans Ende der Welt
  Der Freien kräftige Fauſt.

Maimorgenlied.

Der helle Morgenthau behängt
  Mit Silberglöcklein Halm und Ast,
Und Blüthen, Knospen brechen auf
  Und duften Weihrauch ohne Rast.
Die Drossel pfeift im grünen Wald,
  Der Hänfling singt im Schirm des Hags,
Die muntre Lerche grüßt vergnügt
  Das Rosenangesicht des Tages.

    Der Morgen glüht,
      Und hoch und weit es klingt,
    Ihr Morgenlied,
      Die Lerche singt.
Sie führet ein als lieber Sohn
Mit einem Feiersang voll Wonn'

Komm', komm', mein Lieb' und schlürfe
  Maithau vom Baum, so viel beliebt,
Der frischen Glanz der zarten Blüth'
  Auf deiner jungen Wange giebt.

Aurora's süßes Lächeln strömt

    Durch Berg und Thal und Moor und Wald,

Weil auf der Erd' ein Feiertag,

    Und Jubelruf im Himmel schallt.

      'S ist Recht und Pflicht,

        Denn horch', wie's klingt!

      Gebadet in Licht

        Die Lerche singt;

Zu Himmels reinen Höhen zieht

Wie'n heil'ger Gedank' ihr Lied.

Wer nicht des Himmels Stimme fühlt

    Am Sommermorgen, wenn voll Lust

Der frohe Sänger steigt empor,

    Der hat kein Herz in seiner Brust.

Komm', laß uns in das Waldthal geh'n,

    Wo reizend blüh'n die Blumen wild

Und wo das klare Bächlein rauscht,

    Der reinen Liebe schönstes Bild.

      Kein Ohr lauscht dort,

        Und horch', wie's klingt!

      Die Lerche fort

        In den Lüften singt:

Sie fliegt davon, doch trägt sie nur

Zum Himmel meinen Liebesschwur.

45.

Ade.

———

Die Rosen deiner Wang', Marie,
  Sind blüthengleich geknickt,
Und trauervoll dein Auge nun,
  Das helle, blickt;
Doch tief're Spuren hat der Gram
  Mir aufgedrückt!
    Ade!

Dein Mund ist bleich und stumm, Marie,
  Und langsam geht dein Fuß:
Der Freude Morgen schwand dir nach
  Dem ersten Gruß,
Wie mir, der bei des Wechsels Weh'
  Nun weinen muß!
    Ade!

Wie gestern dünkt es mir, Marie,
　　Als wir ein sel'ges Paar,
Wo Thrän' und Seufzer meine Lieb',
　　So rein und wahr,
Gestand und zeugte, wie geliebt
　　Ich wieder war.
　　　　Ade!

Nicht kaltes, abgemeff'nes Wort
　　Sprach unsre heiße Gluth:
Beredtsamkeit verschmäht das Herz
　　Voll Liebesgluth,
Und Seufzer hauchten ein Gefühl,
　　Das lang geruht.
　　　　Ade!

O, war doch unsre Lieb' die Lieb',
　　Die Andre Leichtsinn lehrt,
Nun unser Trank der Leidenschaft
　　Zu Gift verkehrt,
Und unser süßer Traum von Glück
　　In Schaum zerfährt!
　　　　Ade!

Doch bei der Hoffnung Untergang
　　Bleibt noch uns ein Genuß:
Das Schicksal raubt uns Armen nicht
　　Den letzten Kuß!
Verzweiflung, Wahnsinn, Lieb' vereint
　　Der Scheidegruß,
　　　　Ade!

46.

Die Eule.

———

In feierlicher, stiller Nacht,
Wenn hell der Mond am Himmel lacht,
Verhöhnt der Eule greulich Schrei'n
Seinen holden Silberschein:
    Tuwit, tuwu,
    Ihr wild Uhu
Singt widerliche Melodei'n.

Vom alten Schloßgemäuer fliegt
Die Fledermaus und streicht und wiegt
Gar lustig durch das grüne Land,
Und höhnt die Maus, die ihr verwandt:
    Tuwit, tuwu,
    Ihr wild Uhu
Des Fledermäuschens Freude bannt.

Manch Mädchen sucht das thau'ge Thal,
Das schwimmt im bleichen Mondenstrahl;
Doch hütet euch! ruft hell und klar
Die Eul' euch in das Ohr sogar:
    Tuwit, tuwu,
    Ihr wild Uhu,
Es spricht von drohender Gefahr.

Es warnt vor leisem Seufzerhauch,
Vor luft'gem Schwur, vor trübem Lug'
Und vor dem Stern, der Blumen lacht
Durch grüne Laub' in stiller Nacht:
    Tuwit, tuwu,
    Ihr wild Uhu
Gemahnt die Tugend an ihre Macht.

47.

Die Stimme der Liebe.

———

Wenn die Landschaft deckt die schatt'ge Nacht
Und bleiche Sterne halten Wacht;
Wenn Thau die Blumenkelche säumt
Und wie ein Fluß das Mondlicht schäumt,
    Dann ist die Zeit,
Wo das Herz voll Lieb' nicht länger träumt —
    Dann ist die Zeit,
Wo die Stimme der Liebe zaubrisch gebeut.

Wenn der Mond verschämt die Wellen herzt
Und das Laub gar traulich singt und scherzt;
Wenn Schlummer jedes Aug' umhüllt
Und selbst Diana's Aug' erfüllt,
    Dann ist die Zeit,
Wo das Herz vor Lieb' und Wonne schwillt —
    Dann ist die Zeit,
Wo die Stimme der Liebe zaubrisch gebeut.

183

Wenn des wachen Hunds Gebell erstickt
Und stumm die Eul' im Mondschein nickt;
Wenn das Feuer fast verglommen ist,
Und wenn der Hahn zu kräh'n vergißt,
  Dann ist die Zeit,
Wo das Herz von Liebe überfließt —
  Dann ist die Zeit,
Wo die Stimme der Liebe zaubrisch gebeut.

Wenn die Nacht uns scheint der Erde Gruft
Und nichts mehr klingt in Wald und Luft;
Wenn Land und See bezaubert tauscht
Und Geräusch mit sel'ger Ruh' vertauscht,
  Dann ist die Zeit,
Wo das Herz gleich einem Springquell rauscht —
  Dann ist die Zeit,
Wo die Stimme der Liebe zaubrisch gebeut.

48.

Liebesvertrauen.

———

O geh', o geh', und nimmer sag',
　　Daß er mir treulos sei!
Laß glauben mich den kurzen Tag
　　An meines Liebsten Treu!
Sag' mir, zur Quelle kehr' ein Fluß,
Der Schnee erglüh' wie'n Feuerguß,
　　Dies glaubt' ich eher schon;
Doch nimmer kann ich glauben, er
　　Sei treulos mir entfloh'n.

Er trieb' nur Scherz? er trieb' nur Scherz?
　　Ich kenne sein Gemüth!
Er bricht gewiß kein liebend Herz
　　Und läßt sein Lieb und flieht!
Sag' mir, die Sonn' geh' auf nicht mehr,
Nachts glänz' nicht mehr das Sternenheer,
　　Dies glaubt' ich eher schon;
Doch nimmer kann ich glauben, er
　　Sei treulos mir entfloh'n.

O, kann 's so sein? nein, wahrlich nein!
  Muß glauben es mein Ohr,
Daß der vertraute Liebste mein
  Nur mich zu trügen schwor?
Häuf glüh'nde Kohlen auf dies Haupt,
Bis mir der Schmerz das Leben raubt —
  Dies wär' ein Gotteslohn
Den Tag, der mir gesagt, mein Lieb
  Sei treulos mir entfloh'n.

49.

O bittrer Kampf.

O bittrer Kampf! o Todeskrampf,
   Sieht's Herz, das treu gemeint,
Daß Eid und Schwur war Täuschung nur
Und leicht wie Sommerwind!

O wilder Kampf! o Todeskrampf,
   Liest's Herz sein Mißgeschick,
Nach kurzer Nacht die welke Macht
   Im liebeleeren Blick!

O heißer Kampf! o Todeskrampf,
   Wenn's Herz voll stolzer Gluth
Vom Schicksal lernt, wie weit entfernt
   Das Glück, bevor es ruht!

O schwerer Kampf! o Todeskrampf,
   Entsagt es dann mit Schmerz
Der falschen Gluth, dem Wankelmuth,
   Der bricht ein treues Herz!

50.

Serenade.

———

Erwach', erwach',
Lieb Herz, erwach'!
Vom leichten Schlaf!
Denn draußen wacht in stiller Nacht
Dein treuer Sklav
In seiner hellen Rittertracht,
Den Lob' traf!
Erwach', erwach'!

Erwach', erwach'!
Am Himmelsbach
Lacht mancher Stern
Mit hellem Schein im Aeugelein,
Und aus der Fern'
Schaut mich der Silbermond darein,
Er hat dich gern!
Darum erwach'!

Steh' auf, steh' auf!

Nicht der Sterne Lauf

Bewundr' ich nur:

Ein schön'rer Stern ist, hoff' ich, mein

Zu treuem Schwur;

O, glänzten mir im Antlitz dein

Die Sterne nur!

Steh' auf, steh' auf!

O komm' herbei,

Eh' Kriegsgeschrei

Schreckt Land und Meer;

Wenn die Sonn' erwacht, dann zieht zur Schlacht

Im Harnisch schwer

Der Rittersmann mit Heeresmacht,

Und kehrt nicht mehr!

O, komm' herbei!

Wie, keinen Laut?

Ich habe Laut!

Und Harfe nicht,

Zu freu'n dein Ohr mit süßem Chor

Und Liebesgedicht;

Mit Helm und Schwert kam an dein Thor,

Der zu dir spricht!

Wie, keinen Laut?

Stumm kannst du sein

Bei der Werbung mein?

Nicht klag' ich wild:

Noch bleibt dein Mund mir eine Stund'

Mit Düften mild,

Bevor mir droht ein früher Tod

Im Schlachtgefild!

Stumm kannst du sein?

Nun gute Nacht,

Weil drunten wacht

Dein Rittersmann:

Bald glänzt im Wald der Morgen kalt

Und ruft ihn dann,

Wo Gold und Stahl erfüllt das Thal

Und 's Roß bäumt an!

Drum gute Nacht!

Schlaf', süßes Licht!

Wenn's Herz mir bricht,

Klag' nicht um mich:

Zum letzten Mal grüßt Drommetenschall

Die Lieb' und dich;

Und hörst du wiedrum diesen Hall,

Starb' ich für dich!

Schlaf', süßes Licht!

Liebeswunsch.

Könnt' Liebesgunst

Durch feinste Kunst?

Die Felsen sprechen lehren,

Du würdest sie,

Dann spät und früh

Deine Schönheit preisen hören.

Der Widerhall

Mit süßem Schall

Würd' aus der Schlucht erwidern;

Die holde Reu'

Eilt' auch herbei

Und folgt' des Echo's Liedern.

Hätt' Röslein Sinn,

So wahr ich bin!

Es würde nicht mehr blühen:

Denn deiner Wang'

Hat es vorlang

Geraubt dies holde Glühen.

Wenn die Lilie säh', —
Mit süßem Weh'
Sie wohl vor dir sich neigte,
Wenn deine Stirn
Wie schnee'ge Firn'
Im Morgenlicht sich zeigte.

Und fäng' der Bach
Die Worte nach,
Die Lieb' ihn lehren wollte,
„Wie schön bist du!"
Dann ohne Ruh'
Sein Rauschen singen sollte.

Und sagt' der Wind,
Wie ich gesinnt,
Dann würde Wald und Heide
In stiller Nacht
Deiner Schönheit Macht
Gesteh'n mit hoher Freude.

Und säh' so mild
Und lichterfüllt
Der Himmel deine Sterne,
O, sicherlich
Erhöb' er dich
Zum Schmuck der nächt'gen Ferne.

52.

Der Abschied.

Wir scheiden kalt wie Erz
　Und sagen solch Ade,
Als bebt' durch unser Herz
　Nicht bittres Liebesweh'!
Und wollen wir uns trennen
　Ohne Seufzer bang und trüb,
Als wär's seltsam zu nennen,
　Daß wir einander lieb?

Wir scheiden an dem Ort,
　Die Stirn umwölkt und kalt,
Wo glüh'ndes Liebeswort
　Zuerst der Brust entwallt!
Die Schwüre, die wir gaben
　In diesem heil'gen Hain,
Du willst zurück sie haben
　Gebrochnen Herzens sein!

Ach, kalt ist unsre Hand
    Und glanzlos unser Aug';
Du thust wie unbekannt
    Mit tiefem Seufzerhauch!
Ade ist bald gesprochen,
    'S ist nur ein Abschiedswort;
Doch leben herzgebrochen
    Wir, fürcht' ich, dann noch fort!

Dein Auge wird nicht naß
    Und Stolz glüht meines roth;
Doch eh' im Tod wir blaß,
    Manch' Kopfweh noch uns droht!
Vom Stolze können wir borgen,
    Muth fehlt zum Scheiden nicht;
Doch unser Herzleid morgen
    Ertragen Beid' wir nicht!

53.

Amor's Nahrung.

——————

Sag' mir, schöne Maid, vor Allen,
    Was soll Amor's Nahrung seine
Morgenthau, der frisch gefallen
    Auf die Blätter grün und rein?
Oder Rosen wie Korallen
    Und getränkt mit Honigwein?
        O nein, o nein!
      Laß Rosen sein
Und Thaustern' an dem grünen Blatt:
      Andres macht,
      Als du gedacht,
Den zarten, süßen Säugling satt.

Gieb ihm Seufzer, welche beben
    In dem Mund, der schweigt, doch sprüht;
Laute, die der Brust entschweben,
    Daß die Wange loh erglüht;

Magſt ihm auch Erröthen geben
Und den Blick, der ſucht, doch flieht.
So Zartes ſpeiſt
Der kleine Geiſt,
Solche Koſt iſt gut und leicht;
Und mit der Thrän'
Von ſüßen Weh'n
Wird das holde Kind geſäugt.

54.

Der Nachtwind.

———

Ach, traurig zieht, gar traurig zieht
 Und seufzt bei Nacht der Wind,
Gleich einem süßen Trauerlied
 Um Jahre, die nicht mehr sind!
Er singet, wie die Zeit verfließt,
 Wie Hoffnung blüht und siecht,
Wie Lächeln oft mit Thränen schließt
 Und Liebe modernd liegt!

Ach, Trauer trägt, ach, Trauer trägt
 Der Wind bei Nacht heran;
Die Saiten der Erinn'rung schlägt
 Sein schwerer Fittig an:
Der Lieben Gruß im Todtenkleid
 Bringt mir der heisere Bot',
Und Alles, was mein Herz erfreut,
 Eh 's einsam durch den Tod!

Ach, traurig zieht, gar traurig zieht
   Der Nachtwind, und wenn hohl
Er singt sein schwermuthvolles Lied,
   Sagt Hoffnung Lebewohl
Den süßen Träumen früh'rer Zeit,
   Eh' Gram verwelkt die Blüth'
Des Herzens und dies Todtengeläut'
   Verdüstert das Gemüth!

Erläuternde Bemerkungen.

1. In „Sigurd's Schlachtpanier" folgt der Dichter nicht der Geschichte, wie sie die nordischen Sagen geben, sondern behält nur den Umstand bei, daß diese magische Fahne ihrer Schaar den Sieg, dem Bannerträger aber gewissen Tod brachte. Die Anspielungen auf die Wolen, Woban und weiterhin auf Freya bedürfen keiner Erklärung.

2. „Jarl Egill" ist ganz eigne Schöpfung M.'s, und rein-geschichtlich ist Nichts, als der Name dieses Kriegers und Skalben und des Jarls der Orkaden, Torf Einar, um 890.

3. Thorstein Raudi's oder des Rothen Name kommt in der nordischen Geschichte zwar vor, doch läßt sich leicht denken, daß er niemals in seinem Leben so viel über sich und sein Schwert gesagt und gesungen habe.

4. Die Walpurgisnacht ist dem schottischen Beltane gleich, der, wie die Walpurgisnacht früher in Deutschland, mit hellen Feuern begangen wurde und an dem das Volk gute wie böse Geister anzurufen pflegte.

5. Das nachstehende Gedicht befindet sich in der engli-schen Ausgabe von 1832 nicht und wurde mir von Mr. Pea-cock, an welchen es gerichtet ist, gütigst mitgetheilt. Es wird vielleicht für Manchen interessant sein, den Text vergleichen zu können, weshalb derselbe hier folgen mag.

To Robert Peacock.

Farewell my friend! perhaps once more
I'll clasp thee to my faithful heart:
Farewell my friend! the struggle's o'er —
And now we part!

Oh could this slight memento bear
But half of all my heart would say!
In it were pictured Grief, Despair,
And wan Dismay.

But wherefore should I seek to load
The parting hour with sighs and tears?
No - let me rather now forebode
More happy years.

Lo! Fancy paints a fairy scene
Of love, of light, of fame in store;
And then art all thou wouldst, I ween,
Nay even more.

Success hath crowned thy honest toil,
And fame bears up thy name to heaven:
Love wings thee to thy natal soil —
Love's soft return in given.

Farewell then, droop not low at parting;
This life's alternate light and shade:
Tho' times there be of bitter smarting,
Amends is ever made.

But as for me, Alas! there's nought
Of such endearing future gladness;
Life still will be one loathsome draught
Of endless sadness.

'T is written in the Book of Fate
My reckless course, my dark career;
I know 'that I but live for hate,
And mankind's sneer.

I am not happy, though I seem —
I am not glad, albeit I feign —
No - life is but a fev'rish dream
Of cark and pain.

I see around me happy faces;
I ever gaze on laughing eyes;
And I were base to feel no traces
Of man's best sympathies.

So thus I borrow from another
A joy I cannot call my own
And thus I ever strive to smother
My Grief alone.

Farewell! farewell! may heaven attend thee,
At home, abroad, on earth, on sea;
Grant fortune smile, and man befriend thee
O God! for me.

And should one thought of him e'er rise
That breathes this heartfelt prayer for thee,
Oh cast it to the stormy skies,
Or boiling sea.

Nor let one anxious thought intrude
Upon the pureness of thy joy;
Nor let one merry jocund mood,
Taste such alloy.

Farewell again! methinks I hear
The sailsheets fluttering in the wind. —
Farewell! This last command revere —
Oh cast no look behind!

W. Motherwell.

Robert Tannahill's

Lieder und Balladen.

Aus Robert Tannahill's Leben.

Robert Tannahill, der vierte Sohn des Sei-
denwebers James Tannahill von Janet Pollock,
ward den 3. Juni 1774 zu Paisley in West-Schott-
land geboren, und hatte das Glück Eltern zu besitzen,
die sich durch gesunden Verstand und strenge Rechtlich-
keit auszeichneten; besonders aber freute sich seine Mutter
guter natürlicher Anlagen und einer für ihren Kreis
ungewöhnlichen Bildung. Wie bei den meisten Leuten
seines Standes beschränkte sich seine Erziehung auf Lesen,
Schreiben und Rechnen; doch vernachlässigte er nicht
die weitere Ausbildung seines Geistes, nachdem sein Vater
ihn für den Webestuhl bestimmt hatte, und suchte durch
Lesen und Studiren guter Bücher die Mängel seines
Jugendunterrichts zu ergänzen; — mit welchem Erfolge,
das zeigen sowohl seine Gedichte, als sein später gedruck-
ter Briefwechsel. Schon früh fing er an Verse zu
machen; und wiewohl Robert nicht buchstäblich „in Ver-
sen sprach," so erinnern sich doch seine noch lebenden
Schulgenossen mit Vergnügen der Reimereien, mit denen
er als Knabe sie zu unterhalten pflegte. Als er älter
wurde, erwarb er sich durch diese Gabe einigen Ruf unter
seinen Mitbürgern, und lieferte endlich gelegentliche Beiträge in einige zu Glasgow erscheinende Blätter, welche
aber sein besserer Geschmack verwarf, als er eine Sammlung seiner Gedichte veranstaltete.

Tannahill besaß ein gutes musikalisches Gehör und spielte vortrefflich die Flöte; daher war es eine seiner Lieblingsbeschäftigungen, alte oder vergessene Melodien zu sammeln und denselben Lieder anzupassen. Am Webestuhle sang er sich die Melodien vor; und wenn die Worte in seiner Seele aufstiegen, dann schrieb er sie flüchtig auf eine Tafel nieder, die er so angebracht hatte, daß er nicht erst von seinem Sitze aufzustehen brauchte. So suchte er die Einförmigkeit des täglichen Lebens durch Uebung seines höhern Berufes zu verschönern, und webte abwechselnd Fäden und Verse.

Bis zum 26. Jahre lebte Tannahill ohne irgend einen Wechsel in seinen Verhältnissen, und blieb zufrieden hinter seinem Webestuhle, ohne den Ehrgeiz, sich emporschwingen zu wollen. Im Jahre 1800 aber trieb ihn das Verlangen, Etwas von der Welt zu sehen, in die Fremde, und er wanderte in dieser Absicht zunächst nach England. Es ist merkwürdig, daß unser Dichter, dessen stärkste Seite die Schilderung der Naturschönheiten war, von der reichen und mannichfaltigen Scenerie des fröhlichen Englands unberührt blieb, und daß sich in keinem seiner Gedichte, außer in zwei Satyren, die mindeste Anspielung auf dieses Land und die Sitten seiner Bewohner findet, die ihn als Dichter anerkannten und seinen Liedern mit Beifall lauschten. Nachdem er sich zwei Jahre in England aufgehalten, kehrte er auf den Ruf seines sterbenden Vaters nach Paisley zurück, und wir finden nun Robert wieder in seinem Geburtsorte am Webestuhl beschäftigt, da er es vorzog, bei einem Handwerke zu bleiben, welches ihn und seine Mutter reichlich ernährte und wobei er noch zu andern Arbeiten Zeit übrig behielt, als die Stelle eines Fabrik-Aufsehers

zu übernehmen, welche ihm mehr als einmal angetragen
wurde. Friedlich verflossen seine Tage, indem er sein
Schiffchen regierte, Lieder dichtete, die Gesellschaft einiger
gleichgesinnten Freunde besuchte und die schöne Umgegend
seiner Vaterstadt durchstreifte; und zufrieden mit seinem
niedrigen Loose, verlangte er nach keiner Auszeichnung,
die ihn seinen Lieblingsbeschäftigungen hätte entführen
können.

In dieser Zeit machte Tannahill die Bekanntschaft des Componisten Robert Archibald Smith,
mit dessen Namen der seine unauflöslich verknüpft werden sollte, indem seine Lieder durch dessen Compositionen
erst recht populär gemacht wurden. Bald erreichte der
Ruf „des armen, Verse machenden Webers" auch Lon-
don, und Tannahill wurde aufgefordert, in eines der
besten Magazine der Hauptstadt Beiträge zu liefern;
Ermuthigt durch seinen Erfolg, gab er im Jahre 1807
seine Lieder und Gedichte in einem Bande heraus, und
in wenigen Wochen waren die 900 Exemplare desselben
verkauft. In der bescheidenen Vorrede zu dieser Ausgabe sagt er: „Der Verfasser hat es gewagt, die folgenden Dichtungen zu veröffentlichen in der Hoffnung, daß
sie einiges Verdienst besitzen; doch übergiebt er dieselben
dem Publicum mit ungeheucheltem Mißtrauen in dem
Bewußtsein, daß die Dichter ihre Schöpfungen mit blin-
der Parteilichkeit zu betrachten pflegen. Wenn ein Mann
von Geschmack und Urtheil sie liest, wird er ohne Zweifel manche Stellen finden, die besser sein könnten; dann
aber möge der Umstand seinen Tadel mildern, daß es
die Ergüsse eines Ungelehrten sind, dessen Erwartungen als Dichter nicht weiter gehen, als unter den
Barden des zweiten Ranges in seinem Vaterlande eine

achtungswerthe Stelle einzunehmen." Diese Erwartung
wurde mehr als erfüllt: denn seine Lieder erlangten unter allen Ständen eine Popularität, die seit den Tagen
Burns' keinem Dichter zu Theil geworden war.

Mittlerweile war das Jahr 1810 herangekommen,
und das einförmige, ereignißarme Leben unsers Dichters
sollte nun bald auf eine Weise enden, die allemal Schrek-
ken und Mitleid erregt; in weit größerem Maße aber
wird dies bewirkt, wenn wir sehen, daß eine solche Handlung und das gewöhnliche Leben in völligem Contrast
mit einander stehen. Tannahill wurde das Opfer
einer krankhaften Empfindsamkeit — so oft die giftige
Frucht der wunderbaren Gefühlsmischung, die man das
poetische Gemüth zu nennen pflegt, welches seine Eigner
abwechselnd so erhebt und darniederdrückt, daß es mehr
zum Fluch als zum Segen wird. „Sie fliegen gen
Himmel oder weilen in der Hölle," so bezeichnet diesen
Zustand kräftig und wahr der Dichter von Coila, der
ebenfalls dem schrecklichen Einflusse der Schwermuth
häufig erlag. Schon die Dichtungen und Briefe Tannahill's aus früherer Zeit tragen unzweideutige Spuren
von diesem Gemüthszustande, welcher sich nun allmälig
bis zur Verzweiflung an sich und der ganzen Welt steigerte; und wenn seinem schwächlichen Körperbau, der
zur Auszehrung hinneigte, welcher der größte Theil seiner
Familie erlegen war, Manches zuzuschreiben ist, so tru-
gen doch andre Umstände und Mißverhältnisse das Ihrige
ebenfalls dazu bei. Nachdem er noch die Freude erlebt,
daß ihm der Ettrick-Schäfer zur Anerkennung seiner
poetischen Verdienste einen Besuch in Paisley abstattete,
verfiel er in immer tiefere Niedergeschlagenheit, seine
Augen sanken ein, sein Gesicht wurde bleich und sein

ganzer Körper magerte ab; kurz, es war augenscheinlich,
daß nun eine baldige Auflösung erfolgen werde. In die=
sem krankhaft gereizten Zustande vernichtete Tannahill
alle seine Manuscripte — eine Handlung, welche um so
größeres Bedauern erregen muß, als die Verbesserungen
und Zusätze für die früher beabsichtigte zweite Ausgabe
seiner Werke und einige sehr gute, noch ungedruckte
Sachen, die ebenfalls ein Raub der Flammen wurden,
seinen Ruf nur erhöht haben würden.

Bald nachher besuchte Robert seinen Freund
Alexander Borland in Glasgow, beklagte sich
bitter über die unerträgliche Bürde des Lebens, und gab
überhaupt solche Beweise von geistiger Zerrüttung kund,
daß Borland es für rathsam hielt, ihn nach Paisley
zurückzubringen und seinen Verwandten die strengste Wach=
samkeit anzuempfehlen. Anscheinend ruhig, begab sich
Tannahill am Abend auf sein Zimmer; doch bei sei=
nen Freunden regte sich bald eine unerklärliche Besorg=
niß, und als sie vielleicht eine Stunde später an sein
Bett kamen, zeigte es sich, daß er sich unbemerkt hin=
ausgeschlichen hatte. Sogleich wurden nach allen Seiten
Nachforschungen angestellt und mit Anbruch des Tages
fand man den Rock des Dichters am Rande eines nahe=
fließenden Baches und wußte nun, wo seine Leiche nur
zu sicher zu suchen sein werde. Diese Katastrophe ereig=
nete sich am 17. Mai 1810, als Tannahill erst das
36. Jahr erreicht hatte.

Der Charakter und die Sitten Tannahill's erge=
ben sich aus seinen Werken; und noch nach einem Zeit=
raume von dreißig Jahren wird sein tabelloses Leben,
sein bescheidnes, anspruchsloses Wesen, seine Liebe zu
Heimath, Freunden und Verwandten, sein wahrhaft durch=

sichtiges, offenes Gemüth und seine zarte, menschliche
Gesinnung in liebreichem Andenken bewahrt. Von Gestalt war er noch unter Mittelgröße, sein Haar hellbraun
und schlicht, seine Augen grau; seine Züge hatten etwas
Nachdenkliches und Gefälliges. Nur unter vertrauten
Freunden ließ er sich zwanglos gehen und sprach dann
bisweilen recht glücklich, besonders wenn seine Gefühle
durch eine traurige Erzählung oder Derartiges angeregt
waren; gänzlich abgeneigt aber war er dem Umgange
mit höher gestellten Personen, wodurch ihm freilich gar
manche Gelegenheit verloren ging, die Mängel seiner
Erziehung zu ersetzen, seinen Gesichtskreis zu erweitern
und seine Ausdrucksweise zu bilden und zu kräftigen.

Tannahill's „vermischte Gedichte" sind von ver-
schiedenem Werthe, doch zeigen sie alle eine gute Gesinnung und wahres Gefühl für die Reize der ländlichen
Natur, und nicht wenige enthalten ganz vernünftige mo-
ralische Betrachtungen. In allen seinen Schriften aber
vermeidet er den Fehler, in welchen die meisten der
Poetaster verfielen, die der glänzende Erfolg ihres Lands-
mannes Burns zu einem ephemeren Dasein erweckte, —
nämlich die Verwechslung von Gemeinheit und Einfachheit. Vorzüglich aber seine Lieder werden den Namen
Tannahill's in gutem Andenken erhalten; und wenn
er mit dem genannten Großmeister der Lyra in Rücksicht
auf Kraft, Originalität und Humor nicht verglichen werden kann, so besaß er doch manche andre Eigenschaften,
welche die Welt als eben so anziehend in ihrer Sphäre
anerkannte. Die hervorstechendsten sind seine schönen
individualisirenden Schilderungen der schottischen Landschaft und des schottischen Bauernstandes, und die be-
wundrungswürdige Treue und Genauigkeit seiner Be-

schreibungen beweist, daß es nicht bloße poetische Phanta-
siegemälde sind, sondern daß er sie selber in Natur gesehen und studirt und mit ihnen gelebt hat. Mittels dieser
ergreifenden Eigenschaft, verbunden mit Zartheit und ge-
winnender Kunstlosigkeit des Ausdrucks und geschickter
Einrichtung der Worte zu den Melodien, wird er immer
eine bedeutende Stelle unter den zahlreichen Sängern
seines Vaterlandes einnehmen. Denn seine Lieder werden
mit gleichem Vergnügen in Palästen und Hütten, von
den gebildeten Ständen wie von den ungelehrten Land-
leuten gesungen; — und dies dürfen wir wohl als den
sichersten Probirstein ihrer Vortrefflichkeit betrachten.

Jeffie, die Blume von Dunblane.

———

Die Sonn' ist versunken am luft'gen Benlomond,
  Und röthliche Wolken beleuchten die See'n,
Indeß ich allein in der Dämmerung wandle
  Und Jeffie's gedenke, der Blum' von Dunblane.
So süß an dem Strauche die Röslein erblühen,
  So süß um die Birken die Fähnlein grün weh'n,
So süß und noch schöner und reizender glühen
  Die Wangen lieb Jeffie's, der Blum' von Dunblane.

Bescheiden und heiter beim Schweigen und Sprechen,
  Muß jeder ein Kind der Natur in ihr seh'n;
Fern bleibe der Schelm, der gefühllos zu brechen
  Wohl wagte die liebliche Blum' von Dunblane.
O sing', süße Drossel, dein Danklied dem Abend,
  Das Echo von Calderwood wird dich versteh'n;
So lieb dieser Brust und so kunstlos und labend
  Ist die reizende Jeffie, die Blum' von Dunblane.

Bis Jessie gefunden, wie lang schien mir's Leben,
  Die Freuden der Stadt, wie so thöricht und schal!
Ich sah noch kein Mädchen, der gern ich ergeben
  Mich hätte, bis Jessie mich traf auf einmal.
Ja, wär' ich gestellt auf den Gipfel der Größe,
  Im Ueberfluß würd' ich verschmachten, vergeh'n;
Die Spitze des Glanzes erschien' mir als Blöße,
  Wär' Jessie nicht mein, die Blum' von Dunblane.

2.

Loudoun's holde Hain' und Höh'n [1].

———·———

Loudoun's holde Hain' und Höh'n
 Muß ich meiden nun, mein Lieb;
Wer kann Gesetze geben seh'n
 Englands Feind und ruh'n, mein Lieb?
Ha, wer mag das Schlachtfeld fliehen?
Nicht für Ehr' und Ruhm erglühen?
Freiheit heißt zum Kampf uns ziehen,
 Wer gehorcht nicht gern, mein Lieb?
Loudoun's holde Hain' und Höh'n
Haben unser Glück geseh'n;
Hoffnung lindre deine Weh'n,
 Wenn ich von dir fern, mein Lieb!

„Horch, das schwell'nde Hüfthorn klingt,
 Und es macht dir Freud', mein Herz!
Doch das böse Hüfthorn bringt
 Meiner Brust nur Leid, mein Herz!

Allein erklimm' ich nun die Höhen,
Muß einsam an die Quelle gehen,
Und matt wird sich der Zeiger drehen,
    Fern der Lieb' und dir mein Herz.
Wenn auf blut'gem Kriegesfeld
Die Rach' im rothen Wagen hält,
Fern vielleicht mein Lieb mir fällt;
    Wer schließt dann 's Auge dir, mein Herz?"

       .

Lächle mir, wie du gewohnt,
    Sei nicht furchtbewegt, mein Lieb;
Ehr' und Ruhm die Mühen lohnt,
    Die der Krieger trägt, mein Lieb!
Gott beschützt, die treu sich lieben,
Und wenn Englands Feind vertrieben,
Soll nichts trennen uns und drüben,
    Als unsre Todesstund', mein Lieb!
Loudoun's holde Hain' und Höh'n
Soll'n uns friedlich, glücklich seh'n,
Wie die Lämmchen, die dort geh'n
    In Loudoun's Blumengrund, mein Lieb!

3.

Das Mädchen von Ardentinny.

———

Fern in die Hochlandsberge geh'
  Ich einsam und mit Sehnen,
Vorbei an Felsen, Wald und See
  Durch wildromantische Scenen.
Weit ist mein Ziel, der Himmel schwül,
  Und Regen dräut dem Städtchen;
Doch gleich gilt's mir, geh' ich zu dir,
  Süß Ardentinnymädchen!

Das moosige Röslein dort am Steig,
  Das frisch und hold erblühet,
Blickt fröhlich unterm Haselzweig,
  Wiewohl 's fast Niemand siehet.
So lieblich blüht im Berggebiet
  Ganz unbekannt mein Käthchen;
Nicht kommt dir bei der rosige Mai,
  Süß Ardentinnymädchen!

Nun von des Berges luft'ger Kron'
  Schau' ich zum fernen Meere;
Dort lenkt der Geiz das Schiff nach Lohn,
  Die Ruhmsucht buhlt um Ehre.
Sei's Glück euch hold und geb' euch Gold
  Und Lorbern nach Verlangen,
Doch mich laß dies, was mir so süß,
  Mein Käthchen nur erlangen!

Die Höhen von Gleniffer ²).

Scharf wehet der Wind um die Höh'n von Gleniffer,
  Schnee deckt die Schloßthürme, verwittert und alt;
Wie anders doch war's, als mein Liebster im Ginster
  Mich traf bei dem herrlichen Stanleywald!
Die Blumen des Sommers, sie blühten gar wonnig,
  Die Droſſel ſang ſüß in der Birk' auf der Flur:
Da mußte marſchiren mein herzliebſter Johnny,
  Und nun iſt es Winter für mich und Natur.

Ringsum war da Alles ſo munter und loſe,
  Ringsum war da Alles ſo ſchön und voll Freud':
Nichts hört man nun mehr, als des Windes Getoſe,
  Nichts ſieht man nun mehr, als den Schnee weit und breit.
Die Bäume ſind laublos, die Vögelein ſchauern,
  Und ſchütteln den Schnee von den Flügelchen ſich,
Und klagen und ſcheinen um Johnny zu trauern, —
  'S iſt Winter für ſie und iſt Winter für mich! —
10

Die schneeige Wolke, sie schifft längs der Höhen
Und zauset die Föhren auf felsigem Hang;
Im Thal braust der schneevolle Fluß nun gleich Seen,
Deß Murmeln so süß einst den Liebenden klang:
Doch nicht ist's sein Toben beim Rasen der Winde,
Und nicht ist's der Sturm, der das Auge mir trübt; —
Ach, wenn ich mein schottisch Treuliebchen nur finde,
Er ist's, der für Winter den Sommer mir giebt!

5.

Die Blume vom Levernrand.

Ihr sonn'gen Höhen dort bekränzt
   Mit Blümlein hold den Clyde;
Doch eine Blum' am Levern glänzt,
   Die schöner noch sich beut:
Sie senkt das Köpfchen stets vor Pein,
Beachtet nicht den Sonnenschein,
Und liebt es, ihren Duft zu sträu'n
   Tagtäglich auf die Heid';
Mit Blättern gramgefärbt und licht,
Beweint sie einen Mann — den Wicht,
Der oft die süße Blume bricht
   Und's Herz erfüllt mit Leid.

Du holde Blum' am Levernrand,
   O, wäreft du doch mein;
Ich pflegte dich mit zarter Hand
   Und wollt' nie forglos sein!

Ich nähme dich in meinen Arm
Und schützte dich vorm Regen warm,
Und sicher blüht'st du, ohne Harm,
　　Bei Sturm und Wetterdräu'n.
Huldvoller bist du, als das Roth,
Das glüh'nd am Abendhimmel loht,
Doch hier trifft schattenlos dich Tod,
　　Und ach! du stirbst allein.

6.

An Bächleins Rand.

O, komm' ins dunkle Thal im Husch, an Bächleins
Rand,
Wo kosige Lauben wölbt der Busch an Bächleins Rand;
    Laß grün doch sein die Höh'n,
    Mögen uns die Leute seh'n,
O, komm' zu mir am Abend hier an Bächleins Rand.

Ich führe dich zur Birkenlaub' an Bächleins Rand,
Durchwebt mit Geisblattblüth' und Laub an Bächleins
Rand;
    Dort späht kein Lauscherblick
    Und stört das Liebesglück,
Die süße Lust in unsrer Brust an Bächleins Rand.

Hinweg, fühllose Schaar, o, weit von Bächleins Rand,
Für dich ist nicht die Feenfreud' an Bächleins Rand:
    Die Phantasie wird wach
    Am süßen Silberbach,
Und vom Gestein stimmt Echo ein an Bächleins Rand.

Nun glüh'n die Wipfel roth wie Gold an Bächleins
Rand,
Und Dämmrung deckt den Schleier hold an Bächleins
Rand;
Fern vom Geräusch der Welt
Geh' ich allein durch's Feld,
Um dich zu seh'n, mein Hannchen schön, an Bächleins
Rand.

7.

Schloß Crockston ³).

————

Durch Crockstons Mauern, alt und öd',
   Die Winterstürme schaurig heulen;
So trüb' die Sonn' auch untergeht,
   Doch muß ich zu Marien eilen.
Ja, ras' in eifersücht'ger Wuth
   Der Wind, um mich von dir zu trennen,
Der schwärzesten Sturmnacht trotzt mein Muth,
   Um heimlich sehen dich zu können.

Der Cart rennt ohne Maß und Ziel
   Wild durch Cardonalds felsige Heiden;
Ich wate durch sein Wogengewühl,
   Deß Toben mich von dir will scheiden.
Ja, ras' in Eifersucht die Fluth,
   Um mich von dir, Marie, zu trennen,
Dem tiefsten Strome trotzt mein Muth,
   Um heimlich sehen dich zu können.

Laut heult der Hund, der treulich wacht,

    Und macht dem nächt'gen Wandrer bange;

Doch wenn der lange Weg vollbracht,

    Dann küss' ich lieb Mariens Wange.

Ja, ras' der Winter doch voll Wuth

    Und stürm', um mich von dir zu trennen,

Den wildesten Nächten trotzt mein Muth,

    Um heimlich sehen dich zu können.

8.

Callum.

———

Ich flieh' zum Hüttchen auf der Höh'
    Und weil' an milden See'n, Callum;
Eh' ich zur Crochanmühle geh',
    Leb' ich von sauern Schleh'n, Callum.
Dein Geld und Gut verbirgt doch nicht
    Den Kopf mit Werg behaart, Callum,
Das gelbe, runzlichte Gesicht,
    Den Stachelginsterbart, Callum.

Oft wird man schlauen Weibes Raub!
    Denkst du in deinem Sinn, Callum;
Behalt' der Baum sein welkes Laub,
    Bis grün er späterhin, Callum!
Der junge Donald hat mein Herz,
    Hat willig meinen Schwur, Callum;
Nie werd' ich dein zu Freud' und Schmerz,
    Drum laß die Künste nur, Callum.

9.

Die Höh'n von Balquhither.

Laß uns geh'n, holde Maid,
  Auf die Balquhither-Höhen,
Wo Beeren zerstreut
  Im Hochwalde stehen;
Wo die Rehe zur Weid'
  Mit den Geisböcken gehen,
Wenn der Sommer weckt Freud'
  Auf den Balquhither-Höhen.

Eine Laube harrt dein
  An der silbernen Quelle,
Und ich will sie bestreu'n
  Mit Blümlein gar helle,
Flugs zieh'n durch den Wald
  Und die Thäler und Gründe,
Und kehren dann bald
  Mit dem Raub, den ich finde.

Wenn der Winterwind saust
   Und das Hüttchen erschüttert,
Und der Wasserfall braust
   Durch die Nacht wie erbittert;
Wenn vom Sturm knarrt das Thor,
   Woll'n fröhlich wir singen,
Daß vom muntern Chor
   Unser Hüttchen soll klingen.

Nun der Sommer hell blüht
   Auf den Bergen und Triften,
Und der Thymian durchzieht
   Das Moorland mit Düften,
Laß ins Hochland uns geh'n
   Nach der Heimath, der lieben,
Auf die Balquhither-Höh'n,
   Wo noch Unschuld geblieben.

10.

Trinklied.

———

Füllt, füllt das frohe Glas
Und ertränkt die Qual der Sorgen;
Denn sagt, was hilft euch das,
Sorget ihr für morgen?
Laßt nur eure Mädchen leben,
Wie Anakreon, nimmer trüb;
Alle Freuden, die's kann geben,
Uebertrifft Freundschaft und Lieb'.

Chor.

Schwingt die Lebensglock' und singt
Das heitre Grablied aller Sorgen;
Wenn sie leben, dann erklingt
Ihr Trauerlied am Morgen!

Zu Freud' und Lust herbei,
Gebt die Zügel dem Vergnügen;
Die Phantasie laßt frei,
Leichten Schwunges fliegen!

Witz, Lieb' und die Grazien dienen
Uns in heitrem Feentanz:
Singt das Herz, dann schmückt die Mienen
Freud'gen Lächelns heller Glanz.

.

Chor.

Schwingt die Lebensglock' und singt
Das heitre Grablied aller Sorgen;
Wenn sie leben, dann erklingt
Ihr Trauerlied am Morgen!

11.

Die schottischen Burschen.

———

Die schottischen Burschen im würflichten Plaid,
    Mit hellblauen Mützchen und Federn gar schön,
Sie standen in Reihen und Gliedern so nett,
    Doch mein schmuckes Treulieb war der Schönste zu seh'n.
Seine Wange war roth wie das Glöckchen der Heid',
    Die feurige Wolk' über schneeigtem Land;
Sein Haar fiel blond auf die Schultern so breit,
    Und das Auge der Mädchen war ihm zugewandt.

Den traurigen Tag, als er fortzog aufs Neu',
    Da sank mir das Herz, und es klopfte gar bang;
Er sagte Lebwohl mir und rief dann: „Sei treu!"
    Und thränenfeucht war die rothweiße Wang'.
Ach, Heinreich, mein Lieb, kehrt'st du nimmer zurück,
    Bis ans Ende des Lebens beweint' ich mein Glück!
Mich flieht die Erinn'rung, wie Blätter vom Baum,
    Eh' mein Herz denkt an Andre in Wachen und Traum.

12.

O weh, Johnny.

———

O weh, Johnny, Lieb,
   Bist nicht so gut, wie's sollte sein;
O weh, Johnny, Lieb.
   Kamst gestern nicht zum Stelldichein.
Ich harrt' am Walde lang und trüb,
   Ja trüb und traurig ganz allein;
O weh, Johnny, Lieb,
   Bist nicht so gut, wie's sollte sein.

Ich guckte nach dem Ginsterberg,
   Ich guckte nach dem Föhrenhain,
Ich guckte nach dem Ort der Zwerg'
   Und dachte stets, du sollt'st es sein.
Kein Bissen kam in meinen Mund,
   Kein Schlummer schloß die Augen mein;
O weh, Johnny, Lieb,
   Bist nicht so gut, wie's sollte sein.

„Wenn mein geharrt du haſt am Wald,
    Dann wartet' ich am Dornenhag;
Ich dacht', es wär' die rechte Stell',
    Und blieb, bis faſt gegraut der Tag.
Drum zürne nicht, mein holdes Kind,
    Wir haben Beid' umſonſt geweilt;
Komm', ſuchen wir im Craigtonwald
    Die Luſt, die geſtern uns enteilt!"

13.

Kitty Tyrrell [4).

Der Nachtwind umrauschet des Bergs dunkle Seit',
Das leichtfüß'ge Reh süßer Lust sich erfreut;
Der düstere See steigt zum Felsstrand hinan,
Der schläfrige Fischer dort nicht still im Kahn;
Unwegsam ist's Moor und der Himmel ohn' Stern,
Doch strahlet mir Kitty's klar Aug' aus der Fern',
Und fröhlich durcheil' ich Schlucht, Farrnkraut und Well',
Um heimlich zu seh'n meine Kitty Tyrrell.

Lang liebten wir uns trotz des Vaters Verbot
Und sah'n uns bei Nacht nur, wenn Alles wie todt,
Und der hartherz'ge Wächter, vom Schlafe bethört,
Ein Stündlein zum Kosen der Liebe gewährt'.
Wie lieb sind mir diese Minuten der Freud'!
Wie grausam das Schicksal, wenn's Trennung gebeut!
Ohne Mitleid erhebe der Sturm sich und schwell',
Ich sehe heut Nacht meine Kitty Tyrrell!

„Unglücklicher Jüngling, kehr' um! sieh', der Tod
Kommt über die Heid' in der Wolke blutroth;
Tief stöhnt die geborstene Eich' auf der Höh',
Und das Brausen des Sturmes bedeutet dir Weh'!"
Er schwimmt durch die Wogen und trotzt dem Geschick,
Er eilt, aber ach! nimmer kehrt er zurück:
Wohl zielt im Gebüsch ein ruchloser Gesell,
Und er fällt für die Liebe zu Kitty Tyrrell.

14.

Lenchen.

———

Die Sonne bargen Erin's Wogen,
    Die blauen Berge ragten fern,
Der Mond erglänzt' am Himmelsbogen,
    Die Blätter netzten thau'ge Stern':
Da ging schön Lenchen durch die Gassen,
    Dem Wald zu klagen ihre Pein;
Von Lieb' und Freundschaft schnöd' verlassen,
    Entschwand ihr jeder Hoffnungsschein.

Jung Heinrich war schön Lenchens Buhle,
    Und Emma ihre Freundin lieb;
Sie freut' und schmerzte seit der Schule
    Nichts, was verborgen Emma blieb.
Doch die spann neidisch böse Listen
    Und schwärzte Lenchens Tugend an;
Ihr Heinrich ließ sich überlisten
    Und um treu Lenchen war's gethan!

Sie irrte längs Loch=Mary's Rande,
 Wohin sie oft bei Nacht sich stahl
Zu freu'n sich süßer Liebesbande,
 Zerrissen nun von tiefster Qual.
Sie sucht, von Schmerz zerfleischt, die Höhe,
 Wo Yarrow rauschend niederfällt.
O Mitleid, wein' und rufe wehe!
 Im Blut liegt Lenchen und zerschellt.

Mag nun die Sonn' im Yarrowthale
 Die Blümlein locken, tief versteckt,
Nie wird von ihrem warmen Strahle
 Die Blum' in jenem Grab erweckt.
Dort irrt nun Heinrich oft alleine,
 Wenn Luna taucht die Thürm' in Gold,
Und klaget bis zum Morgenscheine
 Und weint um Lenchen, treu und hold.

15.

Klage
bei der Nachricht von Robert Burns'
Begräbniß.

O Schmerz, umwölke stets den Tag,
Da unser Bard' dem Tod erlag!
Aus jedem Auge flieh' die Freud',
Und weine, o Natur, vor Leid —
    Er todt! er todt und uns entführt,
    Der Beste, der das Land geziert!

Du, Sonn', entsage deiner Macht!
Vergifte, Nord, der Blumen Pracht,
Daß jede senk' ihr welkend Haupt,
Weil unser Dichter uns geraubt!
    Er todt! 2c.

Schaut, Hirten, von den Bergeshöh'n
Und weint, verwaist den Nith zu seh'n!
Ihr Burschen, laßt vom Tagwerk ab
Und seufzt und klagt an seinem Grab!
    Er todt! 2c.

O süßer Doon und holder Ayr,
Wild brauſt durch das Gebüſch einher,
Und all' ihr Flüſſ' und Bäche, ſtöhnt
In bitterm Schmerz, indem es tönt ,—
     Er todt! ꝛc.

Sink' nieder, rabenſchwarze Nacht,
Ihr wilden Stürm' im Wald, erwacht,
Jagt, Ungewitter, durch die Luft,
Und düſtre Höhlen, heulend ruft —
     Er todt! er todt und uns entführt,
     Der Beſte, der das Land geziert!

16.

Grün Inismore.

————

Wie leicht ist mein Herz und froh wandr' ich entlang,
  Seit beendet der blutige Streit;
Ich ziehe zur Heimath und sing' meinen Sang,
  Und denke der lieblichsten Maid.
Wie trüb' war die Stund', als wir scheiden gemußt!
Sie sprach nur in Thränen, sank mir an die Brust
Und seufzt': „O, sei treu, meine einzige Lust,
    Wenn fern ihr grün Inismore seid!"

Eveline, mein Liebchen! o, sahst du dies Herz,
  Das blutend beim Scheiden fast brach,
Dann sahst du dein Bildniß darin, wie in Erz,
  Und zweifeltest nimmer darnach.
Für König und Vaterland schlug ich mich gut
Und trotzte den Mühen des Krieges voll Muth;
Doch nimmer erkaltet' für dich meine Gluth,
  Seit Inismore ferne mir lag.

Ihr Berge der Heimath, die thürmend ihr ragt,
  Welche Freuden ruft ihr mir zurück!
Noch einmal der Frühling des Lebens mir tagt,
  Nie schaut' euch so lieblich mein Blick!
Ich sehe bereits mit Entzücken im Geist,
Wie die Schaar mich der Freund' und Verwandten umkreist;
Doch theurer, süß Mädchen, das Band sich erweist,
  Das an Inismore kettet mein Glück!

17.

Der alte Soldat.

Leicht rudert das Queensferry=Boot,
  Und leicht schlägt darinnen ein Herz;
Es bringt einen alten Soldaten nach Haus
  Nach Jahren von Mühen und Schmerz.

Wie hold lacht das Heimathsgebirg'
  Im Glanze der scheidenden Sonne!
Doch süßer der Hoffnungen goldiger Schein,
  Der die Brust ihm erfüllet mit Wonne.

Wie fließen die Thränen der Freud',
  Indem aus dem Boot er nun springt!
Er tritt schon im Geist in das Vaterhaus,
  Von liebenden Freunden umringt.

Da schwinden die Träume von Glück,
  Dem zu früh sich die Hoffnung ergab:
Er findet die Hütte verödet und leer,
  Die Lieben all' modern im Grab!

11

O, seufzt um des Kriegers Geschick,
  Deß Loos nun nur Elend und Noth!
Er wandert gezwungen von Thür zu Thür
  Und bittet um tägliches Brot!

O, sprecht mit dem Leidenden mild
  Und zeigt euch dem Armen voll Güt'!
Denn verächtliche Blick' und Gleichgiltigkeit
  Verletzen ein edles Gemüth.

18.

Die Kriegerwittwe.

———

Der Wind bläst kalt
Und heult im Wald,
Den Regen peitscht und stöbernder Schnee;
Ich wandre matt
Den einsamen Pfad,
Und Hunger macht ums Herz mir weh'.
Erbarmt euch mein, die muß allein
In Lebens Winteröde sein;
Die Nacht deckt Alles weit und breit,
Und fleht für mich um Menschlichkeit.

Mein Heinrich fand
Für's Vaterland
In weiter Fern' den Heldentod,
Und freudlos sind
Mit meinem Kind
Nun mein Geleit Elend und Noth.

11*

Erbarmt euch mein! In Leid versenkt
Wird gleiche Gab' euch dann geschenkt,
Weil Gott die Perl' im Auge freut,
Das weint aus reiner Menschlichkeit.

19.

Der wandernde Barde.

———

Kalte Winterstürme heulen,
Wolken Schnee's die Lüfte theilen,
Und zur Herberg' sieht man eilen
   Einen Barden über's Moor.
Drin war's warm und ganz behaglich,
Draußen kalt und unerträglich,
Und der Wandrer fleht beweglich
   Um ein Lager hinterm Thor.

Sanft klingt seine Trauerweise,
Und sein Klagelied tönt leise;
Doch der Wirth nach Spötterweise
   Höhnt des Sängers Melodie'n:
„Grauer Strolch, du Häufigkommer,
Zeig' mir den Verdienst vom Sommer,
Sonst, du alter läst'ger Brummer,
   Kann für dich mein Herd nicht glüh'n!"

Seufzend geht der Barde wieder,
Sagt gekränkt kein Wort dawider,
Und sinkt bald gebrochen nieder
   An des Todes kalte Brust;
Durch die Harfe weh'n die Winde,
Singen Sterbelieder linde,
Und sein Geist flieht vor der Sünde
   Zu des Himmels sel'ger Lust.

Mag der Wintersturm nun heulen,
Und der Schnee die Lüfte theilen,
Wandrer, die des Weges eilen,
   Flieh'n die Herberg' überm Moor.
Mag's drin warm sein und behaglich,
Draußen kalt und unerträglich,
Sie gemahnt der Barb', der kläglich
   Starb am unwirthbaren Thor.

20.

Die verzweifelnde Mary.

————

„Mary, was trübt deine Jugend mit Sorgen?
  Schau', wie die Blumen so wonniglich blüh'n;
Hell singt die Drossel im Grünen am Morgen,
  Und sieh' die Sonn' überm Jura erglüh'n!"
Ach! wie kann denken dies Herz an Vergnügen,
  Lächle der Sommer, mir ist's keine Freud';
Seit mein Geliebter im Grabe muß liegen,
  Scheint die Natur mir dem Tode geweiht.

Er gab mir dies Tüchlein als Pfand seiner Liebe,
  Theuer war's mir, weil er es mir gab!
Ich trag's an der Brust, doch mein Herz ist nun trübe,
  Denn meine Hoffnung nahm er mit in's Grab.
Seufzend um ihn leg' ich Abends mich nieder,
  Seufzend verbring' ich die schreckliche Nacht;
Seufzend um Jakob erheb' ich mich wieder,
  Ohne daß Frieden in mir dann erwacht.

Wandelnd in süßester Einsamkeit, sangen
    Oft wir von Lieb' an des Waldbaches Saum;
Süß war's, wenn zärtlich wir dann uns umschlangen,
    Aber entfloh'n ist die Lust wie ein Traum.
Grausam' Erinnerung, was machst du mir Schmerzen,
    Weilend bei Freuden, die längst schon entschwebt!
Flieh' mich aus Mitleid und suche dir Herzen,
    Worin noch die Saite des Kummers nicht bebt!

21.

Liebestod.

———

„Der Nordwind pfeift gar bitterkalt
   Und treibt den Schnee durch Wald und Rain;
Lieb Mädchen, hemme deinen Schritt,
   Schon bricht die dunkle Nacht herein.
O, komm' in meines Vaters Haus
   Und birg dich vor der Winterluft:
Denn wandernd durch den Wirbelschnee,
   Bereitest du dir frühe Gruft.“

„Ach, edle Frau, zeigt mir den Weg
   Nur durch das öde, lange Moor;
Denn jenseits auf dem Ufer harrt
   Der Bursch, den sich mein Herz erkor.
Am Morgen segelt er zur Fern',
   Heut Nacht gelobt' ich ihn zu seh'n,
Vielleicht zum letzten Mal — o Gott,
   Wenn wir uns nimmer wiedersäh'n!“

„Lieb Mädchen, bleib', es ist dein Tod!
　　Sieh' nur die weite Wüste dräu'n;
Bleib' bis zum Morgen, und dann soll
　　Des Vaters Hirt dein Führer sein."
„Nein, nein, ich muß — ich darf nicht harr'n,
　　Schon wirft die Lieb' mir Zög'rung vor;
Der Mond geht auf mit hellem Strahl
　　Und leuchtet mir durchs wilde Moor."

＊　　＊　　＊

Ach, Donald! sprich, was pocht dein Herz?
　　Was strahlt dein sehnend Aug vor Lust?
'S ist nur der Trauten Luftgestalt,
　　Sie drückst du nimmer an die Brust!
Sie liegt in einer tiefen Schlucht,
　　In Schnee gebettet für und für,
Und schläft in Todes kaltem Arm,
　　Ein Opfer ihrer Lieb' zu dir.

22.

Frühlingslust.

Winter ist entfloh'n, und lind
Wehet nun der Westlandwind,
Und wo Stanley's Birken sind,
   Da singt die Drossel helle, o.
Auf Gleniffers grüner Au
Blühen Glöckchen süß im Thau,
Wie mein holdes Lieb, und blau
   Rinnt dort die Wiesenquelle, o.
Komm', mein Liebchen, laß uns geh'n
Auf Glenkillochs sonn'ge Höh'n,
Und der goldne Tag soll seh'n
   Die Lust an trauter Stelle, o.

Ueberm Newtonwalde schwingt
Wolkenwärts die Lerch' und singt,
Und mit woll'ger Blüth' umschlingt
   Den Bach die Silberweide, o.

Wo der Feen Waldgebiet,

Farrngebüsch den Fels umblüht;

Längs der Höh' das Bächlein zieht,

   Und Alles ist voll Freude, o.

Bäume, grünt, und Vöglein, singt,

Blumen, blüht, und Knospen, springt!

Freud' ihr alle mir nur bringt,

   Wenn mir´ mein Lieb zur Seite, o.

23.

Ferguslie.

Wenn die wirbelnde Lerche zum Himmel sich hebt
  Und fröhlich die Dämmerung grüßt;
Wenn die steigende Sonne dem Nebel entschwebt
  Und die Berge mit Feuer begießt,
Dann wandl' ich entzückt durch Feenwald und Flur,
  Wo dem Thau sich manch Blümchen erschließt,
Und im glänzenden Schmucke des Sommers Natur
  Süß lächelnd den Morgen begrüßt.

Ihr wogenden Wälder, die Schatten ihr beut,
  Stets wechselnd und immer doch gleich,
Meine seligste Lust, meine glücklichste Zeit
  Verdank' ich zur Hälfte nur euch.
Sei gegrüßt, mein süß Ferguslie! heiliger Hain,
  Wo zuerst meine Muse sich schwang:
Hier lehrt' mich Natur ihrer Schönheit mich freu'n
  Und singen den ländlichen Sang.

24.

Erbsenstroh.

———

Als mich mein Johnny freite,
   War unser Haushalt klein;
Denn meine geiz'ge Mutter,
   Die gab uns nichts hinein.
Ich sparte wohl, so gut es ging,
   Vom Lohne und war froh;
Doch wußt' ich, unser Brautbett war
   Nur reines Erbsenstroh.

Wir schafften früh und späte,
   Wohlwollt' uns das Geschick,
Und unsre fleiß'gen Hände
   Begünstigte das Glück:
Die Liebe macht' die Arbeit leicht,
   Und ihr auch findet's so,
Wenn ihr euch Abends niederlegt
   Auf reines Erbsenstroh.

Die Rose blüht auf Felsen
  So gut als zaunumfaßt,
Und Liebe glüht in Hütten
  So gut als im Palast:
Drum, Mädchen, freie nur dein Lieb,
  Will's Mutter gleich nicht so,
Und wär' dein Brautbett wirklich nur
  Von reinem Erbsenstroh.

25.

Der Abend.

———

Die Mücken tanzen über'm Bach,
  Der Thau die Blumen küßt,
Das Rebhuhn auf dem Binsenholm
  Den heitern Abend grüßt;
Die Amsel singt gar hell und klar
  Im dichten Dorngebüsch;
Die Schwalbe schwippt um's Schloßgemäu'r,
  Und wiegt sich leicht und frisch.

Zum goldnen Abendhimmel schwebt
  Der Drossel dankend Lied;
Rothkehlchen stimmt die süße Weis',
  Indeß der Tag entflieht;
Der Ammer klagt um den Verlust
  Der Jungen tief betrübt;
Zaunkönig lustig hin und her
  Im Hag zu springen liebt.

Die Rose wie der Fingerhut
    Verschließt den Kelch der Luft;
Das Geisblatt und die Birke streut
    Durch's Thal den reinsten Duft.
Ein Andrer lob' und preise laut
    Des Hofes bunt Gewirr,
Die schlichten Freuden der Natur
    Sind doch weit theurer mir.

26.

Barrochan-Hannchen [5]).

Ihr habt doch gehört von Barrochan-Hannchen?
Ihr habt doch von Barrochan-Hannchen gehört?
Wie Hunger und Tod über's Land sind gekommen,
Wie ihre zwei Augen das Land umgekehrt?

Zu Dutzenden starben die Burschen und Mädchen,
Die Einen vor Liebe, die Andern vor Gram:
Das Pflügen und Säen, das Schneiden und Mähen,
Vergessen war Alles, wenn Hannchen nur kam.

Vom Tweed und vom Forth, und vom Süden und
Norden
Ein Kommen und Gehen, wie's nimmer noch war;
Die Kommenden fröhlich, die Gehenden traurig,
Verzweifelnd und hoffend-der Freienden Schaar.

Die Dirnen, sie klagten und weinten zu Hause,
Die Burschen, sie schluchzten von Morgen bis Nacht;
Doch Alle bekamen ein zierliches Körbchen,
Und weiter hat's Keiner bei Hannchen gebracht.

Die Aerzte erklärten, es ließ' sich nicht schildern,
  Die Pfarrer, es wär' eine Sünde und Schand';
Doch sah'n sie so bleich, und ihr Herz war so traurig,
  Daß, glaub' ich, sie sterblich für Hannchen entbrannt.

Vollauf hatt' der Tischler zu thun mit den Särgen,
  Die Kirchhöfe waren mit Gräbern bedeckt;
Die Freier verpackt' man wie Hering' in Fässer,
  Weil Hannchen manch Tausend zu Tode geneckt.

Doch Dank, großer Dank sei dem Laird von Glenbrodie,
  Das Gras auf den Gräbern, es wächst nun und
        grünt:
Er raubte das Herz der hochmüthigen Dirne,
  Und seht nun ihr Auge — die Sünd' ist gesühnt!

27.

Schilah [6].

Ach, Schilah, meine Liebste,
　　Du meines Herzens goldnes Bild!
Der Tag ist mir der trübste,
　　An dem 's von dir zu scheiden gilt.
Ich muß zu Schiff aufs Neue,
　　Ins Antlitz schau'n dem stolzen Feind;
Doch bleibt dir meine Treue,
　　Mein Herz ist üb'rall dir vereint;
Ja, Schilah, meine Liebste,
　　Mein Herz ist üb'rall dir vereint!

Wenn auf dem Meer ich treibe,
　　Und zorn'ge Stürme mich umweh'n,
Laß keine Trauerweide
　　Die Stirn umschatten, weiß und schön.
Nein, denk' der Seemannsmähre
　　Von Wilhelm und schön Suschen sein!
Ich kehre bald mit Ehre
　　Und will, wie Wilhelm, dann dich frei'n:
Denn, Schilah, meine Liebste,
　　Mein Herz ist dein und üb'rall dein.

Denk' an die Zeit der Freude

    Am blumenreichen Shannonstrand,

Als wir im Sommer Beide

    Die Au durchstreiften Hand in Hand.

Und wenn auf stürm'schen Meeren

    Mich treibt zur Ferne das Geschick,

Dann denk': Zurück wird kehren

    Nach blut'gem Kampf auch unser Glück;

Ja, Schilah, meine Liebste,

    Die goldne Zeit, sie kehrt zurück!

Lebt wohl, ihr wald'gen Dellen,

    Ihr stolzen Berg' und blum'gen Höh'n!

Lebt wohl, ihr Hain' und Quellen,

    Die unsre Lieb' ihr habt geseh'n! —

Wir scheiden, aber nimmer

    Vergiß den Schwur, was auch gescheh'!

Dein ist mein Herz für immer —

    Noch einen Kuß und dann Ade!

Ach, Schilah, meine Liebste,

    Noch einen Kuß und dann Ade!

28.

Der irische Landmann.

———

Als wir erst gefreit, liebe Judith,
　War unser Vermögen gar schmal;
Denn heitere, fröhliche Herzen
　War'n all' unsre Schätze zumal.
Ich sang, als das Hüttchen ich baute:
　O Himmel, gieb immer mir Kraft!
Zum Guckuck dann Seufzer und Klagen,
　Denn Lieb' ist's, was Reichthum verschafft.

Im Sommer und Winter war Arbeit
　In Scheuer und Feld meine Lust;
Mir träumte niemals, ich wär' müde,
　'S geht Alles mit Lieb' in der Brust,
Und nun — mag es Eitelkeit scheinen —
　Wir müssen doch dankbar gesteh'n,
Daß glücklich wie Kön'ge wir leben,
　Mit Allem gar reichlich verseh'n.

Der Murdoch und Patrick und Connor
   Sind Jungen so kräftig wie wild;
Und Käthchen — auf Ehre! das Mädel
   Ist ganz ihrer Mutter lieb Bild.
Wiewohl uns noch Mancher verachtet,
   Wir seh'n doch mit Lachen darein:
Wir haben ein gut Stück Kartoffeln,
   Eine Kuh und ein rundliches Schwein.

Liebe Judith, nun denk' ich, wir lassen
   Die Kinder am Lesen sich freu'n;
Mag Pater O'Jenkin sie lehren
   Drei Monat' in unserer Scheun':
Denn Gelehrsamkeit bringet zu Ehren,
   'S ist der Pflug, der beurbart das Feld,
Und Bücher erschließen den Jungen,
   Wie's draußen zugeht in der Welt.

Zwar lehrt' mich mein Vater nicht lesen,
   Doch ruht seine Seel' nun in Gott;
Denn was er zuerst mich gelehrt, war:
   Zu helfen, wenn Jemand in Noth.
Und hatt' sich ein Wandrer verirret
   Und bat für die Nacht um Quartier,
So nahmen wir auf ihn mit Freuden,
   Denn ein Beispiel war's ihnen und mir.

Ein Mensch, der für Andre nicht fühlet,
   Er gleicht einem Füllen im Moor;
Er kennt keinen Freund, der das Unglück
   Verscheuchte von seinem Thor.
Wer aber gutherzig und willig,
   Der findet, wenn Mißgeschick droht,
Stets Brüder, die freundlich verbannen
   Die runzlige Hexe — die Noth.

Heil, Irland! Alt-Irland für immer!
   Du Land, so das liebste mir blieb!
Deine Burschen sind herzig und bieder,
   Deine Mädchen gutartig und lieb.
Und wer seinen Namen befleckte,
   Indem er die Franken begehrt, —
O Satan, den blas' über's Wasser,
   Daß er Frösche muß kochen am Herd!

29.

Der Verbannte.

Leb' wohl, mein schönes Vaterland,
  Und Kerkernacht sink' nieder!
Ach, keine Lust, die dort ich fand,
  Bringt mir die Fremde wieder!
    Ich bin verbannt!
Süß Erin, deinen Strand zu meiden!
Mein ganzes Leben werd' ich leiden
    Und sterben unbekannt!

Umheule, Sturm, mein einsam Haus,
  Dich kann ich wohl ertragen;
Doch mischen sich in dein Gebraus
  Im Kerker wilde Klagen
    Um's Vaterland —
Und, o Verräther, eure Tücke
Betrübt mich schwer im Mißgeschicke,
    Verloren und verbannt!

30.

Schläfst du, Gretchen?

————

„O, schläfst du schon, mein Gretchen?
O, schläfst du schon, mein Gretchen?
Laß mich ein, vom Zauberstein
Rauscht der Wasserfall, mein Mädchen!

Kohlschwarz und regnigt ist die Nacht,
Die rothe Blitze nur erhellen;
Kein einz'ger Stern am Himmel lacht,
Und winterliche Winde gellen.

Der Holderbusch dort pfeift und quarrt,
Die Heide stöhnt gar wild und traurig!
Horch', wie die Eisenthüre knarrt,
Und Uhuruf erklingt so schaurig!

Ich darf zu laut nicht sprechen, Kind,
Aus Furcht, dein Vater möcht' erwachen;
Um meine Wangen streicht der Wind —
O, komme, Lieb, um aufzumachen.

Sie kam und ließ ihn ein geschwind;
Er warf den nassen Mantel nieder:
„Nun ströme, Regen, stürme, Wind,
Ich bin bei meinem Gretchen wieder!

Und da du wachst, mein Gretchen,
Und da du wachst, mein Gretchen,
Mag doch sein der Zauberstein
Und Uhuruf, mein süßes Mädchen!"

31.
Meine Marie.

———

Marie ist eine holde Maid
  Und gleicht dem ros'gen Tag,
Wenn süße Liebeslieder singt
  Die Phantasie am Hag.
Sie wohnt dort an den sonn'gen Höh'n,
Wo üppig wild die Blumen steh'n,
Und Birk' und Haselbüsche weh'n
  So schattig um den Bach.

Dort harr' ich oft in Einsamkeit,
  Wenn bunte Blümlein blüh'n,
Nicht weil der flußbegrenzte Wald
  So duftig und so grün:
Nein, sehnend blick' ich dann dem Bach,
Dem Steige durch die Wiesen nach,
Weil eben wohl mein Mädchen mag
  Dann durch den Ginster zieh'n.

Jüngst kehrte meine holde Maid
  Grad' aus der Stadt zurück,
Und sank entzückt mir in den Arm;
  Wie groß war unser Glück!
Des Rebhuhns Schrei'n erklang im Rain,
Der Wiesenläufer schnarrte drein,
Indeß sie schwur, sie sei nun mein
  Für Freud' und Mißgeschick.

39.

Der Sieg.

———

Von Berg zu Thal erklingt der Schall
　Der muthigen Fanfar';
Das Streitroß bäumt und stampft und schäumt
　Und beißt in die Kandar';
Die Eisenreiter sitzen auf
　Und fliegen muthentbrannt,
Wie Gottes Blitz, ein kühner Hauf',
　An den bedrohten Strand.

Dort seh'n in langen Reih'n sie steh'n
　Den eingedrungnen Feind;
Zum letzten Schlag ist Britenmuth
　Mit Kriegeskunst vereint.
Sie stürzen vor mit Riesenkraft —
　Manch Tausend rafft der Tod, —
Und bald zerbricht das Eisenjoch,
　Das Frankreich uns gedroht.

Besiegt ist nun der Feind und bebt!
　　Die Waffen sind gestreckt!
Er fleht um Schonung, daß den Sturm,
　　Den wilden, er geweckt:
Und während nun die Menschlichkeit
　　Beweint der Schuld'gen Tod,
Erheitre jede Stirn der Sieg,
　　Und Gnade gebt, wie Gott!

So malt der Geist den Schreckenstag —
　　Ja, furchtbar, trät' er ein!
Doch Albions Söhne werden kühn
　　Ihm stehen, sollt' er dräu'n.
Wer kämpft fürs vaterländ'sche Recht,
　　Wächter am Heiligthum,
An dessen Grabe singt der Bard'
　　Und weiht ihn für den Ruhm.

33.

Reichthum und Armuth.

Mein Herz, es schlägt von Sorg' bewegt,
　Daß sich so leicht die Freundschaft zeigt,
Und Freud' nur bringt und lächelnd winkt,
　So lang die Fluth des Glückes steigt;
Doch wenn ein Unglückswetter naht,
Dann wird sie kalt und geht zu Rath
　Und höhnt und lacht, und außer Acht
Bleibt eines armen Mannes Statt.

Einst hatt' ich Silber viel und Gold,
　Und warf gern mit dem Geld' um mich:
Ich hoffte, wär' mir's Glück nicht hold,
　Sie thäten Gleiches wohl für mich.
Ich Thor bedacht' im Glücke nicht,
Daß man die Freundschaft leicht besticht;
　Doch arm erkannt' ich, daß sie schwand,
Wie später Schnee vorm Sonnenlicht.

Nun härm' ich mich in meinem Sinn,
　Nicht, daß nun meine Schüsseln leer,
Auch nicht, daß schon mein Rock so dünn
　Und daß mir blieb kein Groschen mehr:
Nein, weil ich muß den Hochmuth seh'n
Am Ehrenmann vorübergeh'n
　Mit Spott und Hohn, als wär's ihr Lohn,
Daß sie zur Seit' des Glückes steh'n.

Doch mag es geh'n, mich kümmert's nicht,
　Ich wirke nun mit Emsigkeit
Und theile mit der Noth, wie's Pflicht,
　Doch keinen Deut für solche Leut'!
Ich werde nie die Arbeit scheu'n,
Und will ihr Uebermuth mir dräu'n,
　Dann sing' ich froh und zeige so,
Daß arm kein braves Herz kann sein.

34.

Der Wald von Craigielea 7).

———

Du trauter Wald von Craigielea!
Du trauter Wald von Craigielea!
In deiner Näh' verfloß mein Lenz,
Dort schenkte mir ihr Herz Marie.
Hold blüh'n auf deiner blum'gen Flur
Hagröslein, Ginster, Birk' und Heid',
Und alles Süße der Natur
Ward dir mit reicher Hand gestreut.

Die Taube girrt verliebt im Traum
In deinem grünen Schattenreich;
Die Drossel ruft von jedem Baum
Das Echo wach am Waldessteig.

O fort, leichtsinnige Mörderschaar,
Die's Vöglein raubt, eh' noch es fliegt;
Bald bringt's dir süße Lieder dar,
Aus Mitleid laß es dort, wo's liegt!

Wenn Winter aus dem Nordland zieht
  Und Regen bringt und Sturm und Schnee,
Dann bläst er leicht durch dein Gebiet,
  Als thät' ihm jedes Blümlein weh'.

Ob mir mein hartes Loos gebeut,
  Weit über Land und Meer zu geh'n,
Ich denke stets der sel'gen Zeit
  Der Jugend, die mich dort geseh'n.
      Du trauter Wald von Craigielea!
      Du trauter Wald von Craigielea!
      In deiner Näh' verfloß mein Lenz,
      Dort schenkte mir ihr Herz Marie.

35.

Lebewohl 8).

———

Wirf mir nicht vor, du falsche Maid,
　Daß ich dir treulos sei!
Ich war dir treu, und wär' es noch,
　Bliebst du mir immer treu.
Ich hörte, daß ein andrer Mund
　Dir biete größ're Lust;
Da ward ich wieder frei und stieß
　Dein Bild aus meiner Brust.

Die schönste Blume der Natur
　Bringt uns durch Dornen Schmerz:
So, süße Blume, falsch und schön,
　Hast du verletzt mein Herz.
Ich hab' empfunden tief're Qual,
　Als Lieb' jemals gefühlt;
Und du beweine dein Vergeh'n,
　Das dies Lebwohl befiehlt!

36.

Die Seemannsbraut.

Ich sah mein Lieb mit nassem Blick
   Und banger Brust zu Schiffe geh'n;
O, 's war ein Tag voll Mißgeschick,
   Als er umfuhr die Berwick-Höh'n.
Wie freudlos mir nun Alles schien!
   Ich blieb wie irr' am Strande steh'n,
Und Furcht umwölkte meinen Sinn,
   Ich möcht' ihn nimmer wiederseh'n.

Die Nacht erschien mit Regen schwer,
   Der Sturmwind brauste laut und wild;
In Bergen rollt' das grause Meer —
   Und bald war meine Furcht erfüllt!
Man hört' am Land ihr Angstgeschrei,
   Man sah das Wrack im Morgenroth;
Und weh! nun liegt mein Liebster treu
   Auf jenem düstern Eiland — todt.

O Bootsmann, fahre mich dahin,
　Der Fels soll mein Heimath sein!
Erleichtern wird's mir Herz und Sinn,
　Wenn ich an seinem Grabe wein'. —
Dann schmück' ich es mit Blumen süß,
　Will ihre treue Wärt'rin sein,
Und Morgens und am Abend gieß'
　Ich sie mit Thränen tiefster Pein!

37.

Die Wahnsinnige.

Horch', horch'! 's ist der Wahnsinngen Lied;
 Sie sitzt auf dem felsigen Strand,
Und wenn der klagende Wind fürder zieht,
 Schaut Suschen ins Meer unverwandt
Und singt: „O, sei stille, mein Kind, o, sei still!"
 Sie wähnt, daß die Wogen sie bannt.

Sie blickt übers Meer nach dem Schiff,
 Das fürs Segel des Liebsten sie hält,
Und während mit Thränen der Freude das Schiff
 Sie grüßt, wird ihr Aug' mild erhellt,
Und sie singt: „O, sei stille, mein Kind, o, sei still!"
 Und zürnt, daß der Sturmwind so gellt.

Arm Suschen war lieblich und süß,
 Da raubt' ihr das Meer ihre Lust,
Ihre Schönheit verblich, und Verzweiflung zerriß
 Die Saiten der liebenden Brust.
Und Mancher, der hört: „O, sei still, o, sei still!"
 Geht vorüber und seufzt unbewußt.

38.

Der Harfner von Mull⁹).

————

Als Röschen mir treu, o, wie groß meine Freud'!
So schnell wie der Sommer entflog mir die Zeit!
Ich spielte die Harfe zum zärtlichen Sang
Von Röschen, schön Röschen die Winternacht lang.
Doch nun bin ich traurig, der Schmerz macht mich
bleich,
Und Sommer und Winter sie gelten mir gleich;
Die Wolke der Falschheit für immer nun soll
Umdüstern die Seele des Harfners von Mull.

Ich irre durch Wälder und Schluchten allein,
In einsamster Stille erklingt meine Pein;
Die Harfe begleitet mein Lied' und mein Leid
Und klagt, wenn ich sing' von vergangener Zeit.
So treulos lieb Röschen, doch bleibt sie noch schön,
Und muß der Gedanke mein Leid nicht erhöh'n?
Mein Herz ist von trüben Erinnrungen voll,
Und müd' ist des Lebens der Harfner von Mull.

Als schlummernd ich lag an des Bergbaches Saum,
Erschien mir jung Röschen so lieblich im Traum;
Ich dachte sie treu und war selig vor Lust,
Als träumend ich schloß mein süß Lieb an die Brust.
O falsche Erscheinung, du flohst mich zu früh,
Und herbere Qualen erlitt ich noch nie!
Doch den Schmerz stillt der Schlummer des Todes
mir wohl,
Und bald wehet Gras überm Harfner von Mull.

39.

Die fünf Freunde [10]).

————

Ho, wer ist im Zimmer und sagt, was ihr macht?
Das Beste, was Jemand seit Adam erdacht:
   Wir Alle nicken, nick, nick, nicken,
   Jeder nickt mit schwerem Kopf.

Fürs Erste James Clark aus Argyle — o, welch Glück
Im fröhlichen Herzen und lachenden Blick!
   Wir Alle nicken &c.

Dann Will, der die Sorgen und Grillen bezwingt,
Mit Scherz und Gesang — und indem er baß trinkt;
   Wir Alle nicken &c.

Auch der heitre James Brar aus St. Barchans Ort,
Wenn Witz macht' zum König, dann würd' er's sofort;
   Wir Alle nicken &c.

Und Rob aus dem Süden mit Fiedel und Flöt',
Ich lauscht' seinem Spiel, bis kein Stern mehr dort
                  steht.
   Wir Alle nicken &c.

Von Apoll ward die funkelnde Bowl uns zu Theil,
Und hier ist der Barde, so blind wie 'ne Eul';
 Wir Alle nicken, nick, nick, nicken,
 Jeder nickt mit schwerem Kopf.

40.

Lenz und Winter 11).

———

Entfloh'n ist der Winter, die Wolken verzieh'n,
    'S ist wonnig, den tiefblauen Himmel zu seh'n;
In Bäumen und Sträuchern, die grünen und blüh'n,
    Singt Hänfling und Amsel auf Woodhouselee's Höh'n;
        Der Hagrosen Düfte
        Erfüllen die Lüfte,
O, komme, lieb Mädchen, der Lenz ist so schön,
    Und nichts kann lieblicher sein;
        Laß Lilien uns pflücken,
        Mit Priemeln uns schmücken,
Und uns setzen an eine der Masliebchenhöh'n,
    Die dort unser Auge erfreu'n.

O, denkst du der Zeit, als die Hügel beschneit
    Und eisiger Reif an den Bäumen ringsum;
Als lautlos die Büsch' und vor schmerzlichem Leid
    Die Vöglein von Woodhouselee stumm?

Wenn den Wind wir vernahmen,
Und Schneeschauer kamen,
Und Thäler und Berge von Wolken umhüllt,
Das sah'n wir mit trauerndem Blick;
Doch blüh'n nun vom Neuen
Die Blumen im Freien,
Drum komme, lieb Mädchen, und lächle mir mild,
Bei Woodhouselee blüht unser Glück!

41.

Liebesbitte [12).

Der Sommer lacht in Feld und Hain
Und heißt die Herzen fröhlich sein;
Mich aber kann der Mai nicht freu'n
    Und macht mein Herz nur trübe.
      O Weh', Donald, o Leid, Donald,
      Gedenk' an deinen Eid, Donald;
      Ach, denk' der grünen Heid', Donald,
      Wo du gelobt mir Liebe.

Die Rosenknosp' am duft'gen Hag,
Der silberhelle Murmelbach,
Die Lerche, die begrüßt den Tag,
    Sie machen mich nur trübe.

Ich blicke nicht nach Thal und Höh',
Ich klag' nicht, wenn ich Freude seh';
Doch bräch' mir bald das Herz vor Weh',
    Vergäßt du meine Liebe.

O Weh', Donald, o Leid, Donald,
Gedenk' an deinen Eid, Donald,
Ach, denk' der grünen Heid', Donald,
 Wo du gelobt mir Liebe.

42.

Der verzauberte Wald.

Was krächzen die Raben wohl dort um den Wald,
　　Was flattern die schreienden Kräh'n,
Betäubend das Tosen des Wasserfalls,
　　Der stürzt von den felsigen Höh'n?

Was streifen die blökenden Herden so fern
　　Dort längs jener steinigten Bai,
Und wollen nicht grasen dem Walde zu nah',
　　So reichlich die Weide dort sei?

Was bellet und heulet der Hirtenhund,
　　Wenn ein Lämmlein verirrt sich darein,
Mit hängender Ruthe vor jenem Wald,
　　Und wagt sich vor Furcht nicht hinein?

„Verwundert Euch nicht über das, was Ihr seht,"
　　Erwidert' ein Landmann behut,
„In jenem vom Bösen verzauberten Wald
　　Floß einst unschuldiges Blut.

„Ihr seht dort über der waldigen Höh'
   Die Burg auf dem moosgrünen Stein,
Die Wetter und Sturm und der Zahn der Zeit
   Mit baldigem Sturze bedräu'n?

„Drin hauste vor Zeiten ein böser Baron
   Mit Anna, dem trauten Gemahl;
Aus Eifersucht lockt' er sie dort in den Wald
   Und bohrt' in das Herz ihr den Stahl.

Und eh' man die Leiche der Lieblichen fand,
   Verwest' alles Fleisch vom Gebein;
Die Wangen verschmauste die Schneck', und es grub
   In die Augen die Spinne sich ein.

Und seit jener Zeit hat kein Vöglein und Thier
   Zwei Nächt' in dem Wald zugebracht;
Denn schreckliches Schreien und wildes Geheul
   Zerreißet das Ohr dort bei Nacht."

———

43.

Connel und Flora.

„Die Abendsonn' strahlt überm See
  Und taucht die Berg' in Gold;
Doch lächelt nimmer mir Natur,
  Wenn Flora mir nicht hold.

O, komm' mit mir zum Garnockstrand,
  Wo Birk' und Geisblatt blüh'n;
Ich warb dich oft zu meiner Braut,
  Wann willst du mit mir zieh'n?"

„Wohl warbst du mich zu deiner Braut —
  Was sprach mein Auge dann?
Und weshalb buhlst du um mein Herz,
  Das ich nicht geben kann?

Denn Connel dort im dunkeln Thal
  Gelobt' ich meine Treu';
Mein Herz war sein, eh' ich gedacht,
  Daß es verloren sei."

Da sprüht' sein Auge zorn'ge Gluth,
  Die Stirn umzog sich kraus;
Er faßte sie mit starkem Arm
  Zur Flucht nach seinem Haus.

Sie weint' und rief, der Felsen hört's,
  Und Echo trug den Schall
Der Stimm' auf Feenschwingen fort
  Zu Connel in das Thal.

Er eilt' in glüh'nder Hast herbei,
  Doch sah ihn kaum Donald,
So flüchtet er sich schuldbewußt
  Und schamvoll in den Wald.

„Mein Connel, bleib', steck' ein das Schwert,
  Verfolg' den Wilden nicht!
Sein Arm ist stark, und wohl bereu'st
  Den Kampf du mit dem Wicht."

„Nein — harre mein — ich kehre bald —
  Dort schwimmt er durch die Fluth!
Das Löwenherz der Eifersucht
  Glüht nach des Buhlers Blut.

„Ho, komme, Feigling! Bösewicht!
  Du prahlst mit Kunst und Muth,
Doch färbt sich bald mein gutes Schwert
  In deinem Herzensblut."

„Ha, thörigter Knabe! wenn's dich drängt
   Zum Todeskampf mit mir —
Der Arm, er focht bei Flobbenfield,
   Denkst du, er bebt vor dir?"

„Du rühmest dich mit Flobbenfield,
   Doch streichst du in die Luft:
Denn Ehre zeigt der tapfere Mann,
   Du aber bist ein Schuft!"

Da blitzt die Kling' im Sonnenlicht;
   Es schmettert Schlag auf Schlag,
Und Connel bald vor Donald's Schwert
   Mit tiefer Wunde lag.

„O, Flora, unsre Morgenlieb'
   Mit Wolken sich umzieht!
Die Berge schwinden — ach — mein Lieb!"
   So seufzt' er und verschied.

„Halt, unbarmherz'ger Bösewicht!
   Vollende deinen Mord,
Damit gesättigt deine Wuth
   Und wir vereinigt dort!"

Sie wühlt' verzweiflungsvoll im Haar,
   Sank sprachlos ihm zur Seit' —
Der Abend weinte Thränenthau
   Um die verblich'ne Maid.

———————

Erläuternde Bemerkungen.

———

1. Gedichtet zu Ehren des Earl Moira und der Gräfin von Loudoun, als kurz nach der Hochzeit das Vaterland den Lord ins Feld rief.

2. Die Höhen von Gleniffer, die Ruinen von Stanley-Castle, die Birken des Stanleywaldes und Ferguslie, sämmtlich in der Nähe von Paisley, waren die täglichen Spaziergänge unsers Dichters, und der luftige Benlomond begrenzte dann in der Entfernung seinen Horizont.

3. Schloß Crockston gehörte im 12. Jahrhundert der Familie Croc und kam späterhin durch Schwägerschaft an einen jüngern Sohn aus dem Hause Stewart, einen Vorfahren von Lord Darnley, dem Gemahl der Königin Marie, die nach der Sage häufig dort residirt haben soll. Der sonst ziemlich träge Cart wird in diesem und in Burns' Liede: „where Cart rins rowin' to the sea" dargestellt, wie er sich zur Zeit der Ueberschwemmung zeigt.

4. Die letzten vier Zeilen dieses Liedes hat Tannahill in einer Copie desselben geändert, doch, wie es mir scheinen will, nicht eben verbessert:

Fort, thörigter Seher, dein Wahn macht dich blind,
Geh', sag' deine Träum' einem leichtgläub'gen Kind!
Leicht führt mich die Lieb' durch die düstere Dell',
Und ich flieg' in den Arm meiner Kitty Tyrrell.

5. Tannahill schreibt über den Ursprung dieser scherzhaften Uebertreibung an einen Freund: „Sie haben gewiß schon oft die Bemerkung gemacht, wie gern alte Leute die Begebnisse ihrer Jugendtage vergrößern und ausmalen. Barrochan-Hannchen wurde gedichtet, als ich eine alte Frau in Lochwinnoch

eine Geschichte erzählen hörte, die mit dem Gegenstande dieses Liedes ziemlich gleich lautete.

6. Die Anspielung auf Wilhelm und schön Suschen wird sich am besten durch das Lied selber erklären, worauf der scheidende Seemann sich bezieht:

Schwarzäugig Suschen.

Vor Anker lag die Flott' im Port,
   Die Flaggen wehten leicht im Wind,
Als Schwarzaug' Suschen kam an Bord:
   „Sagt, wo ich meinen Liebsten find'?
O, sagt, ihr lust'gen Seeleut', ist es wahr,
Schifft Wilhelm, mein süß Lieb, mit eurer Schaar?"

Und Wilhelm, der auf hohem Mast
   Sich mit dem Meer wiegt auf und ab,
Hört Suschens traute Stimm', erblaßt,
   Und seufzt und wirft sein Aug' hinab:
Die Taue glitten durch die glüh'nde Hand,
Bis er blitzschnell auf dem Verdecke stand.

So schließt die Lerche in der Luft
   Die Flüglein eiligst an die Brust,
Wenn schrill das liebe Weibchen ruft,
   Und sinkt ins Nest voll inn'ger Lust.
Der britischen Flotte bester Capitain
Mocht' neidisch solche Lippen küssen seh'n!

„O Suschen, Suschen, süße Maid,
   Laß weg mich küssen diese Thrän'!
Dir bleibt mein Treueschwur geweiht,
   Wir scheiden nur auf Wiederseh'n.
Wenn sich die Winde dreh'n — mein Herze schlägt
Als treuer Kompaß, der zu dir nur trägt!

Glaub' nicht, was man dir sagt, mein Kind,
   Um zu erschüttern deine Treu',
Daß stets ein Lieb' im Hafen find'
   Der Seemann, wenn er draußen sei!
Doch nein, wenn man's dir sagt, glaub's immerhin:
Denn überall schwebst du vor meinem Sinn.

Wenn uns die Pflicht nach Indien ruft,
    Zeigt mir dein Aug' der Demant rein;
Dein Athem weht in Afrika's Duft,
    Dein Teint ist weiß wie Elfenbein:
So mahnt, was schön auf Erden, mein Gemüth
An einen Reiz, der an lieb Suschen blüht.

Wohl raubt der Kampf mich deinem Arm,
    Doch trübe drum sich nicht dein Blick;
Mag donnern das Geschütz, ohn' Harm
    Kehrt Wilhelm doch zu dir zurück:
Denn Liebe hält mir fern die Kugeln all',
Daß Suschens Auge keine Perl' entfall'."

Da scholl des Bootsmanns herrschend Wort,
    Die Segel blähten sich gemach;
Nicht weilen durft' sie mehr am Bord,
    Und nur noch Kuß und Seufzer sprach;
Unwillig rudert' dann ihr Boot ans Land,
Und Lebewohl winkt' ihre Lilienhand.

––––––––––

7. Die hier so schön beschriebene Scenerie befindet sich nordwestlich von Paisley.

8. Dieses Lebewohl richtete Tannahill an das einzige Mädchen, mit dem er in einem Liebesverhältnisse stand. Zuerst fand seine Werbung ein geneigtes Ohr, aber bald ließ sich der Gegenstand seiner Liebe bestimmen, einem reichern Freier ihre Hand zu geben. Dies verletzte den Stolz des Barden; und als die Schöne ihren Schritt wieder gut machen wollte, war es zu spät: denn der Geier der Eifersucht hatte seine Krallen so fest in das Herz des Liebenden geschlagen, daß jedes Versprechen vergeblich und die Reue fruchtlos war. Tannahill blieb daher unverheirathet.

9. Diese Verse beruhen auf folgender Geschichte: Auf der Insel Mull lebte ein Harfner, der sich durch Kunstfertigkeit und liebenswürdige Einfachheit auszeichnete. Dieser liebte die schönste Blume der Insel, Namens Röschen, und machte sie bald zu seiner Braut. Nicht lange darauf wollte er seine Verwandten im schottischen Niederlande besuchen, und machte sich daher in Gesellschaft Röschens, begleitet von seiner Harfe, die

er seit Jahren auf allen seinen Reisen bei sich geführt, auf den Weg. Da wurde Röschen einmal, von der Nacht überrascht, vor Kälte ohnmächtig und sank fast leblos dem Harfner in die Arme. Er hüllte sie eiligst in den Plaid, aber ohne Erfolg, und verzweifelnd lief er nach Feuerung umher, um die verglimmenden Funken ihres Lebens wieder anfachen zu können. Nachdem er lange vergebens gesucht, sah er seine Harfe, deren Saiten im Winde zitterten, auf dem Rasen liegen, und wiewohl er sie wie sein Leben liebte, so liebte er Röschen doch noch mehr, und bald lag sie in Stücke zerbrochen und in lustigem Feuer knisternd auf dem Boden. Unter dem belebenden Einflusse der Wärme erwachte schön Röschen wieder und trat am folgenden Morgen mit neuer Kraft die Wanderung an. Als sie nun einen Hügel hinabstiegen, begegnete ihnen ein Jägersmann, der Röschen wie eine alte Bekannte begrüßte und, während der Harfner, ohne Verdacht zu schöpfen, langsam voranging, mit derselben plauderte. Endlich dauerte dem Harfner der Verzug zu lange: er wandte sich um und sah seine treulose Braut hinter dem Jäger auf dem Rosse sitzen, das sie eiligst seinen Blicken entführte. Von Erstaunen niedergeschmettert, starrte ihnen der Unglückliche eine Zeit lang nach, lenkte dann langsam seine Schritte heimwärts und rief seufzend aus: „O ich Thor, ihretwegen meine Harfe zu verbrennen!"

10. Dies Lied schrieb Tannahill zur Erinnerung an einen höchst fröhlichen Abend, den er mit vier seiner musikalischen Freunde, James Clark, William Stuart, James Barr aus St. Barchan's Ort (Kilbarchan), und Robert Archibald Smith aus Reading in Berkshire, zugebracht hatte. Der Barde, der blind war, wie eine Eule, ist Tannahill selber.

11. Der erste Vers ist von John Hamilton in Edinburgh, auf dessen Bitte Tannahill den zweiten hinzudichtete.

12. Nur der erste Vers ist von Tannahill, die zwei andern von W. Motherwell.

—◆—

Guß und Druck von Fr. Ries in Leipzig.

Bei Joh. Ambr. Barth in Leipzig sind auch erschienen:

Andreae, Joh. Valent., die Christenburg. Allegorisch-
epische Dichtung. Nach einer gleichzeitigen Handschrift
herausgegeben von C. Grüneisen. gr. 8. 836.   9 Gr.

Ariosto's, L., Briefe, die prosaischen Lustspiele und
der Herbolato   Mit erklärenden Anmerkungen und Ein-
leitungen von C. H. J. Stöchhardt. A. u. d. T.:
Le commedie in prosa l'Erbolato e le lettere di L.
Ariosto etc. 8. 798.   15 Gr.

Dornau, J., Bergmann und Wilddieb. Novelle. 8. 841.
                                         1 Thlr. 6 Gr.

Eudora. Allen Verehrern des Schönen und Guten gewidmet
von Louise Brachmann, Buri, August Kuhn. 16
Bdch. 8. 803.   1 Thlr. 6 Gr.

Gerhard, W., Napoleons Rückkehr. Ballade. gr. 8.
841.   8 Gr.

Goldoni, C., il Bugiardo. Commedia di tre atti in prosa.
Für Anfänger der italienischen Sprache mit Anmerkungen und
einem Wörterbuche versehen. 8. 822.   12 Gr.

Horatius, Q. Fl., sämmtliche Werke, übersetzt von Dr. Ernst
Günther. 8. 830.   1 Thlr. 12 Gr.

Justi, Dr. K. W., Sionitische Harfenklänge. gr. 8. 829. 2 Thlr.

Kriese, Th. E., Euphilos und Maria, oder der Seher Neu-
griechenlands.   Eine epische Erzählung in 3 Gesängen. 8.
824.   1 Thlr. 8 Gr.

Laun, F., Gedichte. Ausgabe letzter Hand. 8. 828. geh.
                                          1 Thlr.

Neumeister, R., Johann von Schwaben. Trauerspiel in 5
Akten. 8. 841.   12 Gr.

Rabelais, Meister Franz, der Arzeney Doctoren, Gargantua
und Pantagruel aus dem Französischen verdeutscht, mit Einleitung und Anmerkungen, den Varianten des zweiten Buchs
von 1533, auch einem noch unbekannten Gargantua, herausgegeben durch G. Regis. 2 Theile, in 3 Abtheilungen. Mit
des Authors Bildniß und einem Kärtchen. gr. 8. 832—41.
                                          15 Thlr.

1r. Thl. Text. Mit des Authors Bildniß. 5 Thlr. 6 Gr.
2r. Thl. Anmerkungen. 1. Abthl.   6 Thlr. 12 Gr.
2r. Thl. Anmerkungen. 2. Abthl.   3 Thlr. 6 Gr.

RETURN
TO➡

ALL BOOKS MAY BE RECALLED AFTER 7 DAYS
Renewals and Recharges may be made 4 days prior to the
Books may be Renewed by calling 642-3405.

FORM NO. DD6,

CPSIA information can be obtained
at www.ICGtesting.com
Printed in the USA
BVHW03s1758260418
514512BV00015B/425/P